Anfänge

Alexander Swidsinski

Moskau Berlin

Streben und Universum

Herstellung und Verlag:
BoD - Books on Demand, Norderstedt
ISBN 978-3-7481-7215-4

Inhalt:

Es gab eine Zeit, da richteten sich die Menschen nach den Sternen. Zugewandt zum kristallklaren Nachthimmel träumten Bauern von üppigen Ernten, Jäger und Wanderer von verwegenen Routen, Abenteurer und Gelehrte von Schätzen unentdeckter Welten. Diese Sinneshaltung ist abhandengekommen. Die Erde ist längst vermessen und aufgeteilt. Grelle Lichterwerbung verdrängte Sterne aus der Wahrnehmung, füllte die Besinnlichkeit der Nacht mit aufdringlichen leiblichen Reizen. Schade, denn die eigentliche Entdeckungsreise ging noch gar nicht los!

Galaxien eines Superhaufens dehnen sich über unvorstellbare 300 bis 400 Millionen Lichtjahre aus. Allein der Durchmesser unserer heimatlichen Spiralgalaxie beträgt 100 000 Lichtjahre. Faszinierend finde ich allerdings nicht die Dimensionen, sondern den kommenden Menschen, der sich diesen Weiten gewachsen zeigt und sie bezwingen wird. Der nächstliegende Stern, Proxima Centauri ist von uns 4,3 Lichtjahre entfernt. Der Abstand zu lokalen Gruppen von Galaxien, wie dem Andromedanebel, beträgt etwa zwei Millionen Lichtjahre. Selbst diese nächsten Entfernungen sind mit der heutigen Lebensdauer nicht überwindbar, gleich welche technischen Erfindungen sich die Menschheit zulegt. Dennoch muss der Mensch aus dem Sonnensystem hinaus. Die Geborgenheit des irdischen Daseins täuscht. Die Uhr unseres Sonnensystems hat die meiste Zeit hinter sich und läuft unaufhaltsam ab. Der Mensch wird eines Tages die Erde verlassen und sich andere Welten aneignen müssen. Für diesen Sprung genügen Motoren und Raketen nicht. Eine Lebensdauer von 10 000 Jahren dürfte dagegen ein guter Anfang sein. Nur woher nehmen?

Die Industrie überschüttete den Menschen mit Gütern, machte jede Lage genehm. Besser wurde er dadurch nicht. Im Gegenteil! Zwischen der Arbeits- und Kaufstätte ist der Mensch fett und träge geworden. Von wegen mehr und länger leisten, er kann nur noch mühevoll das Geerbte verwalten. Verwundert betrachtet er die Werke seiner Vorfahren. Genervt überlässt er die Bedienung der Maschinen den Maschinen selbst. Wohin wird der Weg wohl führen? Es ist an der Zeit, sich zu entscheiden, was der Mensch eigentlich will: lebenslanges Sattsein mit gesichertem Platz im Pflegeheim, oder den Körper aus Stahl, Verstand und die Seele, die Funken sprühend nach den Sternen greifen. Ein anderer Mensch muss her! Ein Mensch, dem die jetzigen Wertvorstellungen – Vorzeigereichtum, Medienanerkennung, Zugehörigkeit zu einer „überlegenen" Kultur, Rasse oder Stellung – wie Almosen eines Bettlerdaseins erscheinen, der sich statt am Hab und Gut an der eroberten Unendlichkeit des Raumes und der Zeit misst. Dieser Mensch wird enorme Energiemengen und Ressourcen für seine Unternehmungen beanspruchen. Vor allem aber wird die Lebenszeit dieses Menschen statt weniger Jahrzehnte Jahrtausende betragen müssen. Die Menschheit darf künftig nur so wachsen, dass jedes ihrer Kinder länger lebt, lernt und wirkt.

Phantasmen? Hirngespinste?

Ich stelle mir einen Menschen aus dem Jahre 1900 vor. Ich komme aus der Gegenwart, um mit ihm zu sprechen. Würde es mir je gelingen, ihn über das Jahr 1914, 1939 aufzuklären? Würde er mir glauben, wenn ich von Raketen, Atomkraft, Internet spreche? Wir stellen uns den morgigen Tag und den Tag des Jahres 2100 ähnlich dem heutigen Tag vor. Werden sie es sein? Wie wird die Zukunft aussehen, was wird sie dem Menschen bieten? Wachswaben menschlicher Häuser, Wälder und Flure zu Erholungsparks umgewandelt, in Reih und Glied aufgestellte Sportgeräte, Food Corner an jeder Ecke, endlose Strände als Bräunungsstudios unter einem UV Schutzdeckel – eine riesige Retorte, in der es von Menschenhefen wimmelt und gärt? Nein danke! Ich will woanders hin. Viel ist hierzu nicht nötig. Jeder Handgriff, der den Menschen klüger, stärker, langlebiger macht, bringt die Menschheit den Sternen näher.

BUCH I

DAS LEBENDE

Wolf, lass die Geißlein in Ruhe, nimm einen Kuchen.

Meine Tochter spielt neben dem Schreibtisch, während ich arbeite.

- Wölfe essen keine Süßigkeiten, mische ich mich unbedacht ein.

- Wolf, nimm eine Mohrrübe.

- Wölfe mögen keine Mohrrüben.

- Was kann man dem Wolf sonst anbieten?

Jetzt bin ich mit dem stutzig sein dran.

– Hm? Bulette.

- Wolf, nimm eine Bulette.

Die Tochter spielt weiter. Mir dagegen ist nicht mehr nach Arbeiten zumute.

Fragen können erheitern wie gelungene Witze und aufschrecken wie ein in der Stille gefallener Schuss. Sie führen ihr eigenes Leben, zeigen Ungehorsam, stören, drängeln, lärmen. Sie flüchten vor einer rüden Annäherung, wie scheue Tiere und folgen auf den Fersen, wenn man ihnen entkommen will. Ihre Körperlosigkeit täuscht. Viele Umwälzungen begannen mit arglosen Fragen. Wenn die Erde flach ist, warum sind die Schatten im Zenit je nach Ortslage verschieden lang? Ist die Erde etwa rund? Lässt sich aus den Längenunterschieden des Schattens, die ein Stock auf den Boden an verschiedenen Orten wirft, gar der Erdumfang berechnen?

Wenn das Schwere (eine Kanonenkugel) schneller als das Leichte (eine Feder) fällt, warum prallen dann zwei ungleich schwere Kanonenkugeln zeitgleich auf den Boden? Ist die Fallgeschwindigkeit etwa nicht von der Masse abhängig, sondern konstant?

Wenn man sterben muss, was haben Mühen für einen Sinn?

Die gewöhnlichen Dinge sind voller Rätsel. Die Geheimnisse schlummern unter der vertrauten Oberfläche, bis man auf den Widerspruch stößt. Die Dämonen der Zweifel werden wach. Die Gewissheit bröckelt. Die eingebildete Sicherheit ist dahin. Die Wirklichkeit selbst scheint sich mitunter aufzulösen. Beängstigt zieht der Mensch die Grenzen und Mauern der Bodenlosigkeit, Ausflüchte und Dogmen den Zweifeln vor.

Schade, denn Widersprüche sind weder Fluch noch Bürde, sondern wertvolle Funde. Zweifel sind Hebel der Wahrheit.

Die Menschheit hat sich damit abgefunden, dass die Erde rund und das Universum unendlich ist. Die verwegensten Hypothesen der Physik bringen Niemanden mehr aus dem Gleichgewicht. Anders, wenn es um das Leben geht. Ein Dickicht an Tabus und Selbstzensur umgibt dieses Thema. Wir wandern mit geschlossenen Augen an Abgründen des Sinnlosen vorbei, leben in und von selbstgefälligen Mythen und trauen der Wissenschaft nur, sofern diese die Illusion des ausgefüllten Alltags aufrecht hält.

Das Leben zu verstehen und das Verstandene im Leben umzusetzen, vor nichts zurückzuschrecken und keiner unangenehmen Frage aus dem Wege zu gehen ist das Anliegen dieses Manuskripts und der Leitfaden, der die einzelnen Abschnitte verbindet. Es sollte eine Brücke zwischen den Molekülen der Zelle und der Hochburg der menschlichen Seele schlagen, zeigen, dass hinter der Physik, Vernunft, Religion, Soziologie und Politik keine kalten Formeln, sondern durchgehend die Gesetze des Lebendigen stehen. Das Manuskript ist dementsprechend aufgebaut. Vieles von dem, was klar schien, wurde kurz angeschnitten oder nicht erwähnt. Ansichten, die dem Leben widersprechen, wurden hervorgehoben und bereinigt in Hoffnung, dass der Leser den Rest der Aufgabe selbst erledigt. Aus den Umständen der Entstehung resultiert ein stellenweiser polemischer und sprunghafter Stil. Die Widerspenstigkeit ist nicht gewollt. Es handelt sich eben um Anfänge.

EVOLUTION

Uhr oder Stein?

Betrachtet man den Querschnitt eines Steines und den einer Uhr, so fällt zunächst ein ähnlich komplizierter Aufbau auf. Dennoch ist eine Verwechslung ausgeschlossen. Der Stein verkörpert die Chronik der Umstände. Wer die fossile Sprache versteht, erkennt in gewundenen Linien der Sedimente die Entstehungsbedingungen, Gezeiten, wechselhafte Ereignisse der Vorzeit. Die Uhr ist ein Werk des Strebens. Ihr Schöpfer ist der Zweck. Die Zusammensetzung der Uhr ergibt sich nicht aus den naturgegebenen Umständen. Wenn man eine Stufenleiter von Umständen bis zum Zweck bildet, wo liegt das Leben auf einer Skala zwischen dem Stein und der Uhr?

Die erste Hilfestellung liefert uns der Sprachgebrauch. Der Begriff „organisch" hebt das Besondere des Lebenden hervor und grenzt es von dem Unbelebten, dem „Anorganischen" ab. Worin besteht aber der Gegensatz? Was macht das Lebende organisch?

Organ ist ein griechisches Wort für Instrument. Die Einbindung des Werkzeugs in die Sinngebung ist maßgeblich. Ohne diese im Hintergrund verliert das Wort seinen anschaulichen Inhalt. Polyethylen, Latex, Nylon und andere Erzeugnisse der „organischen" Chemie sind unbelebt, organisch sind wiederum, die aus „anorganischem" Calciumphosphat aufgebauten Schalen der Meerestiere. Der Stoff, aus dem das Leben ist, ist für die Definition nebensächlich. Entscheidend ist der Zweck. Das Organische muss dem Leben dienen, die Zusammensetzung und die Beschaffenheit ergeben sich daraus. Stehen wir demzufolge einer Uhr näher als einem Stein, dem Zweck näher als dem Zufall?

Die Entstehung des Steins ist inzwischen entschlüsselt. Wann aber kommt der Zweck in die Natur? Woraus besteht und woraus ergibt sich dieser? Wie kommt das Leben zu seinen Organen, warum werden diese Instrumente immer vollkommener? Kurz: Welche Kraft ist der Uhrmacher des Organischen?

Erklärungen der Evolution

Durch die Entdeckungen der Paläontologie, der Wissenschaft über das Erdalter, wissen wir, dass die Entwicklung des Lebens vom Einfachen zum Komplexen geschah. Wir wissen, dass aus einem Einzeller ein mehrzelliger Organismus entstand, dass dieser nach mehreren Entwicklungsschritten Mensch wurde. Mit den Erklärungen dieser Vorgänge beschäftigen sich die Theorien der Evolution.

Die Zweckmäßigkeit

Lamarck (1744-1829) leitete die Evolution aus dem Streben zum Besseren ab. Seiner Ansicht nach wuchs der Hals einer Giraffe, weil das Urtier nach immer höheren Zweigen langte. Mit der Vererbung erworbener Eigenschaften nahm die Halslänge von Generation zu Generation zu.

Die Erklärung Lamarcks hatte eine Schwachstelle aus Sicht seiner Zeitgenossen. Man stellte sich Vererbung erworbener Eigenschaften direkt von Eltern auf Nachkommen vor. Der Biologe Weismann amputierte Mäuseschwänze in mehreren aufeinander folgenden Generationen. Die Schwanzlänge neugeborener Mäuse blieb unverändert. Andere Forscher verwendeten aufwendigere Versuchsanordnungen. Sie erhielten bei mehrzelligen Organismen stets das gleiche Ergebnis. Die den Eltern beigebrachten Veränderungen waren bei den Kindern nicht zu entdecken. Das Gegenteil belegende Experimente wurden bis in das 20. Jahrhundert wiederholt, vergeblich, selbst bei positivem Ausgang erwiesen sie sich später als Selbsttäuschung oder Falsifikationen. Mehr noch, zu Beginn des 19. Jahrhunderts wurden Gene als informative Bausteine des Lebens erkannt und dem Zellkern zugeordnet. Mikroskopische Untersuchungen zeigten, dass ein mehrzelliger Organismus aus Tausenden von Zellen besteht. Kerne dieser Zellen enthalten eigene Gene. Körperzellen entstehen nicht neu, sondern knospen sich von den Vorgängerzellen nach einer Phase des Wachsens und Aufteilens ab. Gene werden dabei kopiert und von der Mutterzelle auf die Tochterzellen übertragen. Einige der Zellen werden nach fortgesetzten Teilungen zu spezialisierten körperlichen, die anderen zu Keimzellen. Den Vorgang nennt man Differenzierung. Neugeburt beginnt mit der Vereinigung von Keimzellen, gefolgt von deren Teilung, Vermehrung, Differenzierung, Entwicklung und Reifung. Ein Austausch der genetischen Substanz zwischen einzelnen spezialisierten Körperzellen und den Keimzellen ließ sich experimentell nicht belegen. Dieser Umstand schien gegen Lamark zu sprechen. Darwin zog Schlussfolgerungen daraus: Wenn die Veränderung einzelner Körperzellen keinen Einfluss weder auf die Nachbarzellen noch auf die Gene der Keimzellen hat, so dürfte auch das Streben des Tieres, keinen Einfluss auf Evolution und Artenbildung haben.

Zufall und Überlebenskampf

Der Darwinismus erhebt den Zufall in den Rang des Schöpfers der Evolution. Danach erfolgt die Evolution unabhängig von dem Verhalten, den Einstellungen und Bestrebungen der Lebewesen. Jede Köper- oder Verhaltensänderung bedarf einer Änderung der Gene. Gene bestimmen was der Organismus tut und wozu er wird. Die Veränderungen der Gene sind rein zufällig und vom Organismus nicht beeinflussbar. Unabsichtliche Abweichungen werden Mutationen genannt. Der Zufall ihres Auftretens lenkt die Evolution.

In seinen Werken beschreibt Darwin minuziös unzählige Variationen der Merkmale innerhalb einzelner Arten, die er auf Mutationen zurückführt. Die Gründlichkeit erdrückt, erklärt aber nicht wie die Mutation zu einem Zweck führt. Um den Widerspruch zu vertuschen führt Darwin den Überlebenskampf als Erklärung ein.

Jede Art hat danach eingeschränkte Ressourcen zum Leben. Eine Vermehrung der Population über das erträgliche Maß hinaus mündet im Überlebenskampf. Die Evolution findet statt, weil die „Schwächeren" aussterben, die Besseren aber (gemeint sind die Übriggebliebenen) überleben. Mit anderen Worten –

der Hals der Giraffe wurde länger, nicht weil ihre Vorfahren nach den saftigen Blättern langten, sondern: Weil ihr Hals länger wurde, konnte sie die höheren Zweige erreichen und überleben. Die Giraffe hatte einfach keine Wahl. Zwar bleibt bei dieser Annahme der Überlebenskampf selbst unerklärt, denn seine Unvermeidbarkeit, Richtung, Antriebskraft, etc. ergeben sich nicht aus dem Zufall und sind alles andere als vorbestimmt und selbstverständlich. Wer fragt jedoch nach der Begründung, wenn jeder am eigenen Leibe den Überlebenskampf spürt und zu verstehen glaubt.

Eine gleichermaßen einprägsame wie einfache Behauptung, die dem Sieger bessere Eigenschaften unterstellt und hiermit jedes Mittel rechtfertigt wurde salonfähig und fand Einzug in Politik, Wissenschaft und Kultur. Der Darwinismus wurde zum Treibstoff der Machtgier und fegte die überholten religiösen Dogmen und Entstehungsmythen fort. Darüber hinaus ist wenig Erfreuliches zuzufügen. Die unverhohlene Gewalt, Zügellosigkeit und das Geld wurden zu neuen Idolen. Die Götzendämmerung kam über die Menschheit.

Widersprüche

Der Darwinismus leitet die Evolution vom Zufall ab. Die Rechenschaft des Machbaren bleibt er schuldig. Schon eine einfache Schätzung führt die schöpferischen Möglichkeiten des Zufalls ad absurdum. Zwei, drei Würfe genügen, damit eine Münze auf die gewünschte Seite fällt. Bei einem Würfel sind mehrere Würfe erforderlich. Die Zahl missglückter Versuche explodiert, sollen vier, fünf oder sechs Würfel auf eine bestimmte Seite fallen. Folgt die Evolution des Lebens dem gleichen Prinzip, so müsste mit der wachsenden Komplexität ihrer Schöpfungen entweder die Zahl der Versuche und Aussonderungen hochschnellen oder, falls die Zahl der Würfe begrenzt ist, sich die Evolution verlangsamen. Beide Voraussagen treffen nicht zu. Die Evolution wird mit wachsender Komplexität von Organismen schneller, während die Zahl an Würfen bzw. Nachkommen abnimmt.

Knapp fünf Milliarden Jahre sind seit der Entstehung des Lebens vergangen. Am längsten verweilte das Leben auf der Stufe der einzelligen Organismen. Dann, in dem relativ kurzen Zeitraum der letzten 700 Millionen Jahre, überschlagen sich die Ereignisse. Dabei beträgt jeder nachfolgende Abschnitt vom Wirbellosen zum Wirbeltier, vom Fisch zum Amphibium und dem Säugetier, vom Säugetier zum Menschenaffen, vom Menschenaffen zur Zivilisation, vom Vorindustrie- zum Industriezeitalter nur einen Bruchteil der vorausgegangenen Etappe.

Der Darwinismus sieht Not und Aussonderung als Gestalter der Zweckmäßigkeit. Demnach müssten Organismen mit hohen Geburtenraten und Verlusten die größte Evolutionsgeschwindigkeit aufweisen. In Wirklichkeit ist es umgekehrt. Es gibt bei weitem mehr Mücken als Menschen. Trotz eines hohen Umsatzes an Einzelleben bleiben Insekten, kleine Fische oder Amphibien seit Millionen von Jahren auf den gleichen Stufen der Evolutionsleiter oder rutschten sogar ab. Der Hauptstrom der Evolution ist entgegengerichtet. Die Nachkommenzahl wird während der Erfolgsgeschichte reduziert. Ein höherer Intellekt, Größe, Widerstandskraft und Beharrlichkeit werden gefördert. Kleine Fische werfen massenhaft Eier. Der Hai bringt stets einzelne Haie zur Welt. Ein Baby ist bei einer Elefantenkuh die Regel, bei einer Ratte nicht. Die Evolution hätschelt Arten, die behaglich im Überfluss schwelgen und meidet überfüllte Notunterkünfte. Nur Arten, die Gefahren schutzlos gegenüberstehen, die fressen und sich vermehren als einzige Strategie der Behauptung kennen, haben es mit der Fortpflanzung eilig. Im Gegensatz zu Darwins Behauptungen sind hohe Umsatzraten kein Schmelztiegel der Sieger, sondern ein blutiger Zoll der Verlierer. Die Steuer an die Umstände wächst mit der Ohnmacht gegenüber ihrer Willkür.

Nach Darwin müsste Übervölkerung die Evolution antreiben. Die Zeugnisse der Erdgeschichte sprechen vom Gegenteil. Als die Dinosaurier abdankten, rückten die Säugetiere in die leerstehenden Räume nach. Innerhalb der ersten zehn Millionen Jahre ihrer Ausbreitung entstanden aus rattenähnlichen

Vorläufern solch unterschiedliche Geschöpfe wie Fledermäuse und Wale. Danach wurde nur noch an den schon bestehenden Modellen gefeilt.

Einige abgeschiedene Meeresinseln sind arm an Arten. Die Uhr der Evolution läuft dort langsam und bleibt oft stehen. Wenn der Zufall dann einer neuzeitlichen Art den Zugang zu einer unbewohnten Insel gewährt, überstürzen sich die Ereignisse. Die Eindringlinge finden weder Parasiten noch ihre natürlichen Konkurrenten vor, dafür aber reichlich Platz. Sie besetzen ohne Widerstand verschiedene Nischen und nehmen Gestalten an, die ihre weiterhin auf dem Kontinent in Bedrängnis lebenden Verwandten nicht in Ansätzen besitzen. Der Lauf der Evolution beginnt zu rasen. Aus einer einzigen Art entstehen innerhalb kürzester Zeit mannigfaltige Formen bis die letzte freistehende Nische ausgefüllt ist. Nach diesem flüchtigen Aufblühen stockt die Evolution und fällt zurück in den Schlaf.

Im krassen Widerspruch zu den Anmaßungen des Überlebenskampfs saust die Evolution, wenn es darum geht, freie Räume zu besiedeln und schleppt sich, sobald die Aufteilung vollbracht ist und alles erkämpft werden muss.

Der Darwinismus wird dem Anspruch einer Erklärung nicht gerecht, deutet alles erst im Nachhinein und nichts im Voraus. Wieso begeben sich einige Arten auf den langen Weg der Evolution und entfernen sich von ihren ursprünglichen Lebensbedingungen weit über die Erfordernisse der Anpassung hinaus? Warum räumen sie ihre alten Lebensnischen, obwohl diese weiterhin bestehen? Warum verharren andere Arten in ihrer Entwicklung Hunderte von Millionen Jahre und schauen teilnahmslos erdgeschichtlichen Umwälzungen zu? Warum nehmen sie schrumpfende Lebensräume in Kauf und zeigen keine Ambitionen diese zu wechseln? Streiften diese Arten keine Katastrophen? Standen sie unter einem geringeren Zwang? Waren ihre Baupläne solider? Sind Mutationen bei diesen Arten seltener? Sind die „lebenden Fossilien" womöglich den Arten, welche die Evolution vorantreibt, überlegen, eben weil ihre Anlagen gediegener sind? Andererseits, wie lenken die Umstände die Evolution? Welche Mutationen oder Klimaänderungen können ein Huf- oder Raubtier dazu bewegen, seine Landlebensweise zugunsten des Lebens im Wasser aufzugeben, wann und wie erfolgte dieser Übergang vom Land ins Meer, der zur Entwicklung der Wale führte? Welche körperliche Missbildung kann eine solche Änderung der Lebensweise bewirken?

Das Austrocknen seichter Gewässer konnte Fische zum Leben auf dem Festland treiben. Die Not führt jedoch nicht notwendigerweise zu einem Frosch. Warum wird zwischen unzähligen Varianten ein einziger Bauplan vorgezogen? Die Insekten haben zum Beispiel alle möglichen Varianten der Fortbewegung und Metamorphose beim Übergang vom Wasser ans Land ausprobiert. Der Weg von den Fischen zu den Amphibien und Reptilien war dagegen geradlinig. Merkwürdig ist weiterhin der Umstand, dass der Übergang von Pflanzen, Insekten und Fischen vom Wasser zum Land in der gesamten Lebensgeschichte nur jeweils einmal stattfindet, wogegen das Austrocknen sich regelmäßig Tag für Tag wiederholt. Waren es wirklich Dürre, Not und Massensterben welche die Fische ans Land trieben, oder lockte sie die fette Beute eines von Insekten wimmelnden Kontinents, Entfaltungsmöglichkeiten, die ihnen das Wasser vorenthielt? Und gäbe es kein Austrocknen, hätten die Tiere dann nicht den Weg ans Land gefunden?

Überschwemmungen und Dürrezeiten treten gleichermaßen oft auf. Die Bewegungen von Lebewesen in der Evolution vom Wasser zum Land und umgekehrt richten sich nicht danach. Viele Landtiere kehren während der Evolution in mehreren Wellen ins Wasser zurück: Den Reptilien folgen die Dinosaurier, Vögel und zuletzt die Säugetiere. Jedoch bestimmen weder Dürre noch Sintflut diese Wellen der Wiederkehr, sondern die Wendungen der Evolutionsspirale, nach denen fortschrittlichere Baupläne hervortreten. Die Günstlinge der Stunde erobern spielend die einst von Ihnen verlassenen Lebensräume. Sie tun es frei von Druck aus Überschuss an Kraft. Als die Neuerungen sich vorwiegend im Wasser abspielten, gingen die Kolonisie-

21

rungswellen vom Wasser auf das Land. Seitdem der Fortschritt vorwiegend das Landleben betrifft, wird umgekehrt das Wasser vom Festland aus erobert.

Der Darwinismus verneint die gestaltende Rolle des Strebens. Die Evolution ist jedoch unverständlich, lässt man Motive und Entscheidungen ihrer Akteure außer Acht.

Schlangen sind, schon ihrem Namen und der Gestalt nach, ein Ausdruck des Verhaltens, genauer gesagt einer bestimmten Fortbewegungsweise. Dabei stammen sie von vierbeinigen Reptilien ab. Die einzelnen Etappen ihrer Umwandlung lassen sich an Schleichen verfolgen, von Eidechsen über die Wühlechsen (Scincidae) mit vier sehr kleinen Extremitäten, die nur beschränkt benutzt werden, über den Scheltopusik (Ophisarius apodus), der nur noch die hinteren, zu Stummeln reduzierten Gliedmaßen hat, bis zu den Blindschleichen. Die Extremitäten des Walzenskinks im Mittelmeergebiet (Chalcides) sind kurz und unbeholfen. Beim langsamen Gehen bedienen sich diese Echsen ihrer Beine, bei schneller Bewegung legen sie diese an den Körper an und gehen zu einem schlängelnden Kriechen über. Spricht man dem Verhalten eine organgestaltende Rolle ab, muss man annehmen, dass Muskelschwäche in den Beinen Reptilien über die Schleichen in Schlangen verwandelte. Denn die allgemeine Verlängerung des Körpers und der Organe, Nerven und Eingeweide, die Umgestaltung der Hautbeschaffenheit und der Muskelanordnung erleichtern zwar das Kriechen in einer anderen Umwelt, auf dem Erdboden, in Bäumen oder im Wasser, erzwingen jedoch nicht das neue Verhalten und bieten Überlebensvorteile erst nachdem das Tier zum Kriechen übergegangen ist.

Der Darwinismus leitet das Vergangene aus dem Gegebenen ab und erklärt das Bestehende für das Bessere. Was aber, wenn das Gegebene eine Fehlentwicklung ist? Wie lässt sich das Zukunftsträchtige von dem Abschüssigen unterscheiden?

Eine Halsverlängerung bringt einer Giraffe erhebliche Unannehmlichkeiten wie Disproportionen des Wuchses, die Unfähigkeit, sich beim Hinlegen auszustrecken, sowie andere mit sich. Warum werden die fraglichen Neuerungen bevorzugt, die offensichtlichen Nachteile aber übersehen? – Weil sie nach Darwin Überlebensvorteile bieten müssten. Nun wird das Überleben durch Körperzunahme wie Abnahme, durch Ab- oder Aufrüstung, durch Kraft oder Geschwindigkeit, durch aufdringliches Werben oder lautloses Herumschleichen, durch starre Panzerung oder Geschmeidigkeit erreicht. Worin besteht nun der Fortschritt? Das Ausgestorbene muss unvollkommen gewesen sein. Was aber ist besser, was ist schlechter an den noch Lebenden? Kann man mit Bestimmtheit sagen, was gut oder schlecht ist? Muss man erst den Tod eines Tieres, womöglich das Aussterben eines Zweiges abwarten, um eine Lebensform auf- oder abzuwerten? Ist ein Pockenvirus der von ihm ausgerotteten Tierart überlegen?

Das Überleben ist kein Gradmesser des Fortschritts. Anderenfalls dürfte die Evolution sich zwar zu einer zunehmenden Vielfalt der Arten hinbewegen, doch nicht nach oben wie die gesamte Evolution es vorweist und nicht nach unten, wie man an Beispielen von Rudimenten sieht, sondern auseinander und im Gleichschritt. Im Grunde dürfte es Höheres und Niederes nicht geben. Alle zur gleichen Zeit existierenden Organismen sind unter den bestehenden Bedingungen gleichermaßen überlebens- und vermehrungsfähig, also gleichermaßen gut angepasst, und wären daher gleichwertig.

Die letzte Behauptung, obwohl widersinnig, wird vom Darwinismus ernsthaft vertreten, um nicht mit den Postulaten der Überlebenskraft in Widerspruch zu treten.

Nun, die Evolution hat eine Richtung und der Mensch ist einem Bakterium überlegen. Zwar ist Anpassung ein Nachlaufen der Notwendigkeit und eine Voraussetzung des Artbestandes, dennoch irrt der Darwinismus, wenn er das Leben auf die Anpassungsfähigkeit reduziert. Das Leben ist eine Wendigkeit im Umgang mit der Not, ein Erheben über nötigende Umstände, ein Vorstoß, ein Drang, ein Sieg. Nicht bloß eine „optimale" Anpassung, sondern der Vorsprung, die errungene Freiheit und der Wirkungskreis bestimmen das Fortschrittliche einer Lebensform.

Der Darwinismus meidet unliebsame Tatsachen, statt dort anzusetzen, wo der Widerspruch offensichtlich ist. Die ersten Spuren lebender Organismen sind mindestens 3,5 Milliarden Jahre alt. Die ersten Lebewesen sind einzellig und vermehren sich durch Teilung. Die erworbenen Eigenschaften der Mutterzelle gehen auf die Tochterzellen über. Die überlegenen Organismen vermehren sich schneller, wodurch vorteilhafte Gene eine größere Ausbreitung finden. Der Zweck und die Absicht münden dabei direkt in einer besseren organischen und genetischen Form. Die direkte Vererbung erworbener Eigenschaften wurde erst mit dem Mehrzeller vor ca. 800 Millionen Jahren aufgegeben, nachdem ¾ der Evolutionsdauer abgeschlossen waren. Wieso? Weder der späte Zeitpunkt des Auftretens noch der Sinn der Änderung, noch die Mechanismen dahinter sind verständlich. Was bewegt eine Ameise dazu, auf ihre Fortpflanzung zu verzichten (der Kampf ums Überleben wohl kaum) und was hat ihr Leben für einen Sinn, wenn sie keine Nachkommen hinterlässt? Welcher Überlebenskampf gebietet Zellen mit gleichen Genen in einem Zellverband auf die eigene Vermehrung zu verzichten? Nach welchen Kriterien wird die Wahl zwischen den zum Sterben verurteilten Körperzellen und den sich weiter teilenden Keimzellen getroffen? Wie fällt die Entscheidung und warum unterwerfen sich Zellen dieser? Was bringt sie dazu? Die altruistische Einsicht? Der Kampf, der alle anders handelnden Zellen ausmerzt? Wann kommt es zu dieser Ausmerzung?

Innerhalb des Mehrzellers erfüllen alle Zellen geordnet ihre Aufgaben. Vom Überlebenskampf fehlt bei der Individualentwicklung jede Spur. Vielleicht wurden die Überlebenswettkämpfe früher ausgefochten und die Auslese vorteilhafter Mutationen unabänderlich im Genom verankert? Wo genau und wann?

Wäre die Evolution auf Mutationen wie auf Bausteinchen Ebene für Ebene aufgebaut, so müsste man den Beitrag der Mutationen zur Stammesgeschichte schrittweise nachvollziehen können. Die Lebewesen gliedern sich tatsächlich in Ordnungen, Klassen und Familien. Der Einteilung liegt jedoch weder eine Mutation noch eine hervorstechende Eigenschaft, sondern ein für das Überleben unter konkreten Umständen scheinbar neutraler Bauplan zugrunde.

Einst besiedelten Dinosaurier Ozeane, Sümpfe, Flure und Wälder. Sie entstanden nicht in diesen Nischen aus Anpassung an die jeweilige Umwelt, sondern rückten aus dem Tiefland vor. Ein und derselbe Körperbau diente zur Kolonisierung unterschiedlicher Lebensräume. Merkmale, die erforderlich waren, um sich im Wasser, auf dem Baum und in der Luft zu behaupten, kamen erst später hinzu. Die Zukunft zeigte, dass der Bauplan eines Dinosauriers unter keinem dieser Lebensumstände der Endgültige war. Überall versagten die Schreckensechsen. Dabei griffen sie in vielem der Zukunft vor, besaßen Eigenschaften wie aufrechten Gang, Warmblütigkeit, Haarkleid, größere Gehirne sowie soziale Organisation. Alles umsonst. Die einzelnen fortschrittlichen Eigenschaften wurden nicht gebündelt und ausgebaut, sondern im Ganzen verworfen. Den Dinosauriern folgten Vögel und Säugetiere. Die Ereignisse wiederholten sich. Arten, die seit Millionen von Jahren nur Randnischen besiedelten und durch keine speziellen Anlagen oder vorauseilende Mutationen auffielen, breiteten sich auf einmal wie eine Plage in unterschiedlichsten Räumen aus und verdrängten die bestens angepassten Ureinwohner. Nachträglich eignen sich die Neuankömmlinge die Körperformen und Organe der Arten an, die sie verdrängten, ohne mit diesen verwandt zu sein. Die Merkmale überschneiden sich während der Ausbreitung und des Rückzuges vielfältig, spezielle Eigenschaften, Organe, Körperumrisse kommen und gehen. Ordnungen, Klassen, Familien aber entstehen, entfalten sich und vergehen als Ganzes und nicht als Spross und Stufenleiter eines besonderen Merkmals. Der Zufall der Mutation erklärt weder den Aufstieg noch den Untergang einzelner Entwicklungslinien.

Noch unbeholfener wirken die Ableitungen der Organentstehung aus einer Folge sich ergänzender Mutationen. Durchsichtige Hornhaut, Linse, Glaskörper, lichtempfindliche Netzhaut, Versorgungsnetz an Gefäßen und Nerven – bevor ein funktionsfähiges Auge entsteht und Überlebensvorteile bringt, müssen grundverschiedene Elemente zueinander finden. Wie kommt es zu dieser Anhäufung von an sich im Einzelnen nutzlosen Eigenschaften vor dem „Überlebensdruck"? Die Erdgeschichte bietet keine Beispiele für die Entstehung eines Organs aus einer Missbildung, im Gegenteil. Das Alte wird lückenlos zum Neuen umgebaut und ausgebaut: Kiemen zu Kiefern, Flossen zu Beinen, Beine zu Flügeln.

Das Fliegen erfordert mehrere sich ergänzende Eigenschaften: Lange Schwanz- und Flügelfedern, pneumatisierte Knochen, Luftsäcke, Brustbein und Brustmuskel, Anordnung und Form der Rippen, des Halses, der Wirbelsäule und des Beckens. Das Zusammenfinden der Merkmale ist folgerichtig, wenn man annimmt, dass der Vogel, gleich dem Menschen, seine Flugversuche startete, bevor er Anlagen (Fluggeräte) hierfür hatte. Absurd dagegen ist die Vorstellung, dass irgendwann ein zufälliges Aufeinandertreffen von Mutationen (wieso? weshalb? wie?) das Fliegen auf einmal ermöglichte.

Die Evolution verändert Organe, indem sie diesen neue Aufgaben überträgt. Lamarck hatte Recht. Nicht die Evolution folgt den auftretenden Organveränderungen (einem langen Hals, einem Flügel oder einer Flosse), sondern neue Verhaltensweisen führen dazu, dass die bestehenden Organe auf eine unübliche Weise eingesetzt werden. Die zufälligen Abweichungen der Form und Funktion dieser Urorgane untermauern nachträglich neue Verhaltensweisen. Ein umgekehrter Weg von der Mutation zur Verhaltensänderung und Organgestaltung wird vom Darwinismus behauptet, allerdings in keiner Weise belegt.

Verfehlungen

Das zwanzigste Jahrhundert war „Das Jahrhundert des Darwinismus". Die Bereitschaft, mit der Scheinbegründungen angenommen wurden, ist beschämend. Die berauschende Wirkung des Elixiers erwies sich stärkerer als menschlicher Verstand. Mit Eifer ging man daran, die „bahnbrechenden" Erkenntnisse umzusetzen. Euthanasie, Kolonialismus, Vernichtungskriege waren die Folge. Angesichts der nie dagewesenen Grausamkeit rebellierte die Menschheit. Die Vorreiter und Führer des Sozialdarwinismus wurden zu Unholden erklärt. Das geistige Werkzeug des faschistischen Völkermordes, der Darwinimus, überlebte. Nur langsam wurde es aus den zwischenmenschlichen Beziehungen verdrängt und in das biologische Laboratorium verwiesen. Aber auch hier blieben die Ausbeuten sinnlos und nicht minder abscheulich. Die Mutagenese (mit und ohne Aussonderung) zeigte sich gänzlich unbrauchbar zur organischen Gestaltung beim Mehrzeller. Trotz beharrlicher Experimente, wurden in den letzten 100 Jahren durch Mutationen weder ein Organ noch eine neue Art, wohl aber Missbildungen ohne Ende hervorgebracht. Im gleichen Zeitraum feiert die landwirtschaftliche Zucht einen Erfolg nach dem anderen ohne Mitwirkung der Mutation. Neue Nutztiere und Pflanzen entstehen zu unseren Lebzeiten. Die vielen Hunderassen von tibetanischen Löwenhunden bis zu dänischen Doggen, von Chinaschoßhunden bis zu englischen Schäferhunden erscheinen einem Laien unterschiedlicher als einige Familien und sind dennoch eine Art und von den Eigenschaften des grauen Wolfes abgeleitet.

Die gestalterischen Möglichkeiten der Rassenzucht sind beeindruckend, der Darwinismus knüpft absichtlich daran an – allerdings zu unrecht. Mit der Selektion hat der Darwinismus nichts zu tun, die Lehre diffamiert das Wort, wenn es dieses für sich vereinnahmt. Der Kampf ums Überleben gehört nicht zu den Arbeitsmitteln der Artenzucht. Die Bemühungen der Zucht sind dem Überlebenskampf entgegengesetzt und auf das Ausschalten der Konkurrenz gerichtet. Der Züchter zieht die Brut auf, durchstöbert sie nach bestimmten Merkmalen, entfernt was seinen Vorstellungen zuwiderläuft, pflegt und hütet den Rest. Obwohl einiges im Topf oder auf dem Komposthaufen landet, entscheidend an dem Vorgang ist ein gezieltes Zusammenstellen vorhandener Eigenschaften. Die Selektion ist eine gestalterische Genetik, die Wünsche und Vorstellungen des Züchters in Merkmale von Lebewesen umsetzt. Würde der Züchter den Empfehlungen der „selbstgenannten Selektionshypothese" folgen und die Lebewesen, statt sie auseinander zu pflanzen, zusammenpferchen wie der Überlebenskampf es vorsieht, so käme es zu einer allgemeinen Degeneration der Population, in deren Mitte sich kein Einzelwesen hervorheben und alle mehr oder weniger dahinsiechend vergehen. Neue Merkmale, bessere Eigenschaften oder überlegene Fähigkeiten blieben aus.

Die landwirtschaftlichen Zuchtmethoden sind weder Überproduktion noch Tötung, sondern im Gegenteil Bereitstellung von Entfaltungsräumen und Förderung, damit Eigenschaften zutage treten, die der Überlebenskampf, Not und Enge von einer Verwirklichung zurückhielten. Der freie Willen eines schaffenden Menschen wird in neue Rassen umgesetzt. Wessen Willen lenkt aber die Veränderungen in der freien Wildbahn? Es kann hierfür nur eine Antwort geben: Der Gestalter der organischen Evolution ist das Streben.

Schöpferische Werkzeuge der Evolution

Die Einwände des Darwinismus gegen das Verhalten als treibende Kraft der Evolution sind unzutreffend. Die Unmöglichkeit somatischer Zellen ihre Gene gezielt zu verändern ist für die Vererbung erworbener Eigenschaften irrelevant. Beweise, die belegen, dass die genetischen Veränderungen elterlicher Zellen sich nicht auf die Nachkommen übertragen lassen sind irreführend. Sie suggerieren, dass die Fortpflanzung in der mechanischen Weitergabe der eigenen Gene besteht. Das trifft nicht zu. Die Fortpflanzung eines Mehrzellers ist ein Akt der Schöpfung von sich suchenden und ergänzenden Partnern, eingebunden in das Wirken von Angehörigen der gesamten Art. Um die Zusammenhänge zu verstehen, müssen wir uns mit der sexuellen Vermehrung, Vorgängen der Individualentwicklung und Alterung, sowie mit der Organisation lebender Gemeinschaften befassen. Darüber hinaus ist es wichtig, die Eckdaten der Lebensgeschichte kurz in Erinnerung zu rufen. Die Darwinisten hatten in den letzten einhundert Jahren allein das Wort. Kritische Meinungen wurden als unwissenschaftlich abgetan. Die Widersprüche wurden vertuscht, die Fakten entstellt. Gegenwärtig werden alle biologischen Themen ausschließlich aus der Sicht des Kampfes ums Überleben behandelt. Es bedarf einer beinahe kriminalistischen Feinarbeit, um Tatsachen von Verdrehungen zu befreien. Ist die Aufgabe erst einmal erledigt, so fügen sich alle Fakten wie von selbst zu einem geordneten Bild zusammen. Die nächsten Abschnitte rekonstruieren die schöpferische Arbeitsweise der Evolution. Die ausgewählten Inhalte beschränken sich absichtlich auf Beispiele, die gut bekannt sind und keine speziellen Fachkenntnisse erfordern.

Sexuelle Vermehrung

Sexualität ist ein Knochen im Halse des Darwinismus. Aus der Sicht des Überlebenskampfes dürfte es die Sexualität nicht geben.

Die asexuelle Fortpflanzung ist geradlinig, die vorteilhaften Mutationen der Eltern (zum Beispiel ein langer Giraffenhals) gehen unmittelbar auf die Nachkommen über. Bei der sexuellen Vermehrung ist eine Weitergabe der Gene komplexer. Mehrzeller haben zwei Gensätze, jeweils einen von der Mutter und einen vom Vater vererbt. Zum Leben wird ein Satz gebraucht, der andere bleibt stumm. Dem Kind wird einer der Gensätze vererbt. Der vererbte Satz muss nicht der in den Eltern wirkende sein. Die Wahrscheinlichkeit, dass Kinder die Gene eines ihrer Eltern (und nicht die stumme Mitgift der Großeltern) erhalten, liegt rein rechnerisch zwischen 0 und unter 50%. Eine zufällig entstandene Mutation geht somit in der Fortführung einer sexuellen Vermehrung mit hoher Wahrscheinlichkeit verloren, auch dann, wenn sie im Leben eines der Eltern von Vorteil war.

Zu dem Verzicht auf die Weitergabe eines Teils des eigenen Erbguts kommt das umständliche Sexualverhalten, das die Verbreitung einer Mutation zusätzlich hindert. Die aufwendigen

Werbekosten, Trachten, Imponiergehabe, Rivalenkämpfe übergehen alles, was vom Paarungsritual abweicht.

Die asexuellen Arten kennen diese Hürden nicht. Die Kinder kopieren ihre Eltern. Mutationen, gute oder schlechte, tragen unmittelbar dem Lebenserfolg und ihrer eigenen Durchsetzung bei. Hinzu kommt, dass der asexuelle Organismus mit der Fortpflanzung beginnt, sobald er hierzu körperlich fähig ist. Er muss weder Partner suchen noch Rivalen fernhalten. Gemessen an der Sachlichkeit einer asexuellen Fortpflanzung erscheinen die Auflagen der Sexualität als reinste Schikanen. Frei von solchen Unkosten, müssten asexuelle Arten im Vorteil sein und zahlenmäßig überwiegen. Dem ist nicht so. Asexuell sind lediglich primitive einzellige Organismen. Die mehrzelligen Arten sind grundsätzlich sexuell. Die seltenen asexuellen Ausnahmen unter den Mehrzellern entstanden aus sexuellen Arten durch Verlust der ursprünglichen Sexualität. Lange kann es nicht her gewesen sein. Die Zeit hat nicht ausgereicht, um die nutzlos gewordenen sexuellen Organe abzulegen. Anscheinend erscheinen asexuelle Abstammungslinien regelmäßig in der Evolution und können nicht bestehen. Wieso? Was macht die Sexualität so unentbehrlich? Liegt der Vorteil sexueller Arten in einer höheren Mutationsrate oder der besseren Verträglichkeit von Mutationen? Im Gegenteil. Sexuelle Vermehrung erfordert Gemeinsamkeit der sich verschmelzenden elterlichen Anlagen. Der Körperbau, die Regulation des Stoffwechsels, die Steuerung der Individualentwicklung müssen übereinstimmen. Die geringsten Unterschiede bedeuten selbst dann Unfruchtbarkeit, wenn die Partner sich in allem äußerlich gleichen. Hase und Kaninchen lassen sich zum Beispiel nicht kreuzen, sind nicht eine Art.

Eine gegenseitige Abstimmung ist überflüssig bei asexuellen Linien. Sie verkraften schwere Mutationen, die bei sexuellen Arten unweigerlich zur Unfruchtbarkeit führen würden. So der Löwenzahn. Von Kindheit an begleitet uns das leuchtende Gelb dieser allgegenwärtigen Blume. Ein Einwohner Sibiriens, im Berliner Flughafen angekommen, ist nicht wenig überrascht, die fröhlichen Kükenfarben auf der Frühlingswiese vorzufinden.

Die Blume war vor ihm da. Allerdings ist der Löwenzahn keine Blume. Die Hybridisierung verunstaltete seinen Chromosomensatz. Mit der Sexualität war es vorbei, die Fortpflanzungsfähigkeit blieb erhalten. Von den Unannehmlichkeiten der Partnerrücksicht befreit, überzog dieser ewige Junggeselle kometenhaft das Festland mit unübersehbaren Zeichen seines Erfolges. Dennoch ist die Pflanze dem Untergang geweiht. Jede neue Veränderung des Löwenzahns ist auf eine Mutation zurückzuführen und kann allein durch eine Mutation rückgängig gemacht werden. Eine Kurskorrektur ist ausgeschlossen. Die Wahrscheinlichkeit einer Rückmutation in das Ursprüngliche ist nichtig. Der Weg asexueller Arten besteht im Auseinandertreiben und immer schmaler werden ihrer Entfaltungsmöglichkeiten. Die hohe Veränderlichkeit der Merkmale, direkte Übertragung von Mutationen und die Unbeschwertheit der asexuellen Fortpflanzung werden mit dem Verlust des stammesgeschichtlichen Rückhaltes bezahlt, wiegen den Verlust jedoch nicht auf.

Fortpflanzungsgemeinschaft

Das Leben sexueller Organismen ist die Individuell, die Fortpflanzung erfolgt dagegen innerhalt einer Art gemeinsam.

Das Kreuzen untereinander verteilt die Merkmale innerhalb einer sexuellen Art gleichmäßig unter allen Angehörigen. In einem Lebensraum erscheint eine Art dem Betrachter deshalb jeweils einheitlich. Krasse Variationen an Merkmalen, die auf eine vorausgegangene Evolution hinweisen könnten, fehlen. Eine merkliche Wandlung ergibt sich erst aus der Gegenüberstellung des einstigen mit dem aktuellen Erscheinungsbild einer Art. Dennoch beinhaltet eine sexuelle Art reichlich Bausteine, die jede beliebige Veränderung ermöglichen, auch ohne dass diese in Erscheinung treten.

Gelegentliche Anomalien, die an die vergangenen Etappen der Stammesgeschichte erinnern, werden Atavismen genannt. Beim Menschen sind Halsfisteln, ein starkes Haarkleid, Schwänzchen, sowie überzählige Brustwarzen bekannte Beispiele. Sie führen uns genetische Anlagen der Vergangenheit vor, von deren Anwesenheit wir nichts ahnten und die in jedem von uns dennoch schlummern. Unsere Stammesgeschichte ist reich an Bausteinen gestalterischer Möglichkeiten. Dieser Reichtum ist abgelegt, verdrängt aber nicht verloren. Die einzelnen Gene vergangener Lebensabschnitte bleiben unsichtbar, bis ihre Stunde schlägt, und fast über Nacht, höchstens nach wenigen Generationen, sind sie bei nahezu allen Artgenossen anzutreffen und zu unerwarteten, den Herausforderungen der Zeit angepassten Eigenschaften zusammengestellt.

Die gestalterische Veränderlichkeit einer sexuellen Art verblüfft. Man suche beim Wolf vergebens nach den vielen auffallenden Zügen heute lebender Hunderassen, sie kommen in seiner Variationsbreite oder Entwicklungsgeschichte nicht vor. Hinweise für Mutationen, die zur Entwicklung des Reitpferdes in den letzten 2 000 Jahren beitragen konnten, fehlen. Dennoch machten diese Haus- und Nutztiere eine rasante Entwicklung durch. Der Mensch löste diese Vorgänge durch eine gezielte Förderung bestimmter Merkmale aus. Brach der Mensch hierdurch mit der bisherigen Evolution? Umgekehrt, – er ahmte diese nach. Die Evolution sexueller Arten wird seit jeher durch Ambitionen, Vorlieben und Zuneigung gestaltet. Entgegen den Vorstellungen des Darwinismus ist eine sexuelle Fortpflanzung nicht auf die Weitergabe diktatorischer Gene beschränkt, sondern besteht in der zielstrebigen Zusammenstellung gewünschter Eigenschaften in dem Nachkommen. Die Partner wählen einander und gestalten darüber die künftige Generation. Die Liebe gilt schließlich den fremden und nicht den eigenen Genen. Die künstliche Trennung in Geschlechter, von denen jedes ein Gegengeschlecht suchen muss, und dabei auf einen Teil des eigenen Erbguts verzichtet, bindet eine Art zu einer Fortpflanzungsgemeinschaft, deren Kinder Knospen eines gemeinsamen Stammes sind.

Lebensraumgestaltung

Seit Millionen von Jahren ist ein Naturereignis an Stränden der Südsee zu beobachten. Zu Tausenden schlüpfen niedliche

Schildkrötenbabys und rennen über den rutschigen Sand tollpatschig zum Wasser. Viele von ihnen werden von Vögeln, Krabben und Landtieren aufgefressen, die pünktlich zum Wettrennen erscheinen. Die Vorgänge wiederholen sich Jahr für Jahr. Die Tierarten, die sich am Buffet versammeln, haben inzwischen mehrmals gewechselt, getrieben von der Evolution, allein die Schildkröten haben daraus nichts gelernt. Das grausame Abschlachten hat bisher keine bessere Art hervorgebracht. Die hohen Nachkommenzahlen der Frösche, Fische und Insekten dienen weder der Verschärfung des Überlebenskampfes noch der Beschleunigung der Evolution. Sie überbrücken kritische Umstände, bei denen allein der Zufall über das Überleben entscheidet. Die Evolution bleibt ungerührt von diesen Opfern. Die starke Vermehrung dient nicht der Auswahl des Besseren, sondern der Erhaltung des Bestandes der Population. Die Vorreiter der Evolution bevorzugen stattdessen hohe Überlebenschancen und niedrige Nachkommenzahlen. Die Behauptung des Darwinismus, dass hohe Geburtenraten und Überbesiedlung feste Bestandteile des Lebens sind, ist falsch. Sowohl Geburtenraten wie Besiedlung werden durch Konfiguration der Lebensräume bestimmt. Sind diese frei, so ist die Vermehrung stark. Ist der Lebensraum ausgefüllt, schrumpfen die Zuwachsraten bis zum Erliegen. Mit der Verknappung von Ressourcen wachsen die Beschaffungsmühen. Tiere haben andere Sorgen als die Vermehrung. Die Zu- und Abgänge gleichen sich an. Die Größe einer Population in der Wildbahn bewegt sich schwankend an der obersten Grenze der Entfaltungsmöglichkeit. Ausnahmen sind selten und nicht von Dauer.

Das Tier, das in einem ausgefüllten Lebensraum seinen Hals ausstreckt, Blätter von den herabhängenden Baumzweigen kostet und dabei mehr Futter und Lebensfreude erhält, erschließt eine neue, den anderen Artgenossen nicht verfügbare Quelle. Die Ur-Giraffe entweicht dem herrschenden Entfaltungswiderstand. Ihr Erfolg stört das Gleichgewicht der übrigen Population. Ihre Nachkommen (und die Chancen für solche stehen gut) mögen kurzhalsig geraten. Die Vermehrung einer

Untergruppe von Tieren bei gleichbleibenden Ressourcen benachteiligt herkömmliche Verhaltensweisen und bewirkt einen weiteren Rückgang der Geburten in der „traditionsbewussten" Subpopulation. Dieser Rückgang wäre ausgeblieben, wären alle Tiere den gleichen Bedingungen ausgesetzt. Eine Überbesiedlung tritt dabei nicht auf. Der Artbestand schrumpft sogar, denn die erfolgreichen Tiere belegen in der Regel größere Territorien als ihre Vorgänger und können sich mehr Zeit für den Ausbau und die Sicherung ihrer Ansprüche leisten. Genau diesen Rückgang der Nachkommenzahl gepaart mit der Zunahme der territorialen Größe und Lebensdauer beobachtet man bei allen Arten auf der Höhe ihrer Evolution. Der Bestand an Buckelwalen lässt sich nicht in Zahlen der Heringe oder des Planktons ermessen. Die Miniaturisierung, Überzahlen und kurze Lebzeiten sind typisch alleine für Zurückgedrängte in der Evolution.

Biologische Evolution ist die Evolution des Strebens. Der Einzelne stößt die Tür zu neuen Lebensräumen auf und macht zugleich das Aufhalten in den alten Räumen unerträglich. Es wird eng, ungemütlich in den üblichen Grenzen. Nicht die am besten Angepassten, im Gegenteil, die Abweichenden, Unzufriedenen, zu einer Neuerung Bereiten finden am schnellsten einen Ausweg. Der Erfolg der Ausreißer errichtet ein Gefälle des Entfaltungsaufwandes, das alle Langhälse begünstigt und die Evolution in eine bestimmte Richtung vorantreibt. Mit jedem hinzukommenden Individuum, das dem Trend folgt, nimmt das Gefälle des Entfaltungsaufwandes zu. Eine Evolutionslawine kommt ins Rollen und hält nicht eher an, als bis die Quellen, die eine weitere Halsverlängerung erschließt, keine Dividenden mehr abwerfen.

Während der Umgestaltung eines Lebensraumes ändert sich maßgeblich die gesamte Lebensweise einer Art: der Zeitpunkt von Geburten, die Lebensdauer, vielfältige Ansprüche, die äußere Erscheinung und soziale Organisation.

Geburt

Die kriechende Raupe eines Monarchfalters verwandelt sich innerhalb von zwölf Tagen in einen Schmetterling, der über 30 Stundenkilometer schnell fliegen kann. Im Inneren der Puppe, von der Außenwelt abgeschlossen, vollzieht sich ein Wunder. Aus dickwulstigen Raupenbeinen entstehen lange schlanke Gliedmaßen, die Mundteile gehen vom kauenden zum saugenden Typ über. Es entwickeln sich vier Flügel. Einige Organismen wechseln vier bis fünfmal ihre Gestalt, Lebensbedingungen, Gewohnheiten und Ausstattung, ehe sie mit der Fortpflanzung beginnen. Warum dieses häufige Starten und Stoppen? Warum wachsen die Organismen nicht ins Unendliche? Wozu die immer wiederkehrende Neugeburt? Der Grund liegt in der einfachen Effektivitätsrechnung. Viele Sägen und Äxte in den Händen eines Einzigen bringen weniger Nutzen, als würden sie Mehreren anvertraut. Die Aufrüstung des Organismus bringt sogar Nachteile, wenn sie ohne Vergrößerung des Wirkungskreises geschieht und die hinzukommenden Werkzeuge sich gegenseitig stören. Die Fortpflanzung erhöht die Wirkung durch die Aufteilung des Lebensraumes und ist weder der Zweck noch das Ziel des Lebens, sondern ein Ausweichmanöver der fortgesetzten Vermehrung. Sie ist überall dort angesagt, wo die Individualentwicklung zunächst nicht weiter weiß und die Vermehrung stockt. Anlass zum Neubeginn und zur Geburt ist die Perspektivlosigkeit des individuellen Entwicklungsweges. Ein langes Leben erfordert eine fortgesetzte Neuerung und Vervollkommnung. Der Weg dorthin muss erst erschlossen werden und sich lohnen.

Entwicklung

Gewöhnlich nimmt man Dinge erst ernst, wenn sie zu einem Problem werden. Die Entwicklung, die faszinierendste Äußerung des Lebens überhaupt, wird im Alltag kaum beachtet. Man setzt voraus, dass aus Samen Bäume wachsen, Raupen sich in Schmetterlinge verwandeln und aus einem Ei ein Küken schlüpft. Erst durch Versagen aufgeweckt, angesichts eines zweiköpfigen Schafes oder eines einäugigen Embryos im Raritätenkabinett, überkommt uns der Schauder einer gebührenden Ehrfurcht vor diesem Mysterium. Millionen von Zellen lösen einander in streng geordneten Teilungen ab. Strahlung, Mutagene, Viren umgeben Embryonen und mischen sich in Vorgänge der Entwicklung ein. Dennoch werden Tag für Tag gesunde Babys ohne besondere Vorkehrungen geboren. Was ermöglicht einen solchen Vorgang?

Man gibt sich mit der Antwort zufrieden, dass alles genetisch vorgegeben sei. Man denkt dabei an Augen- und Haarfarbe, Grübchen an den Wangen der Geschwister und hört mit Fragen dort auf, wo höchstes Staunen angebracht wäre. Wie so oft, verwechselt man eine Bezeichnung mit der Erklärung. Der Hinweis auf Gene, was erklärt er schon? Pigmentzellen der Haut und Haare werden in der Neuralleiste am Rücken angelegt, zielsicher wandern sie zu ihrem Bestimmungsort. Woran und wie orientieren sie sich? Welche Gene schreiben ihnen die Route vor, welche treiben sie an? Wie tun sie das? Wo befinden sich Gene, die das Farbenmuster des Pfauenschwanzes gestalten? In jeder Zelle des bunten Fächers, gleich welcher Farbe sie sind, gleich welchen Platz sie innerhalb des Musters einnehmen? Wie erfährt eine Hautzelle des Grübchengrundes, dass sie diese und keine andere Stellung beziehen soll, wie kommt sie dorthin, warum verweilt sie dort? Warum wird sie nicht zu einer Nerven- oder Blutzelle? Fehlen ihr die nötigen Gene, wird sie von fremden Genen gesteuert, und wenn ja, wie wird das Gen einer Zelle von denen anderer reguliert? Wieso unterwirft es sich dieser Regulierung? Wo liegen lenkende Gene? Welche Beziehung haben sie zu den Genen der Keimzelle, die selbst längst in Teilungen aufgegangen und nicht mehr vorhanden ist? Wie kommt es, dass die Zellen mit gleichen Genen (und die meisten Zellen unseres Körpers gehören dazu) unterschiedliche Schicksale haben?

Es wäre denkbar, dass nur Keimzellen vollwertig sind. Die somatischen Zellen stammen zwar von den Keimzellen ab, verlieren jedoch mit der Differenzierung überflüssige Gene. Mit jeder Zellteilung während des Wachstums schrumpfen die Entfaltungsmöglichkeiten somatischer Zellen, bis sie ihre Teilungsfähigkeit einbüßen und nur noch Haut-, Nerven- oder Blutzellen sein können. Diese mechanische Keimbahnhypothese der wissenschaftlichen Gründerzeit ist unhaltbar. Trennt man die Nachkommen einer Eizelle nach der ersten Teilung, so entfaltet sich jede zu einem erwachsenen Tier. Setzt man diese Trennungen fort, so entstehen vier oder sogar acht Tiere. Dadurch werden zum Beispiel genetisch identische Schafe erhalten (kloniert). Die Trennungen sind mitunter spontan. Man kennt dieses Phänomen von den eineiigen Zwillingen. Von einem Genverlust ist soweit keine Spur. Auch in folgenden Entwicklungsstadien ist der Genverlust nicht zu belegen. Entnimmt man dem wachsenden Embryo etwas Gewebe, so gleicht er die Verluste aus. Verpflanzt man Zellschichten vom Stamm zum Kopf, bilden sich daraus Augenbläschen anstatt Extremitätenknospen. Was man dem Keimling auch antut, er versucht, seine Strukturen auf bestimmte Weise umzuordnen. Mechanisch ist er nie. Diese Verformbarkeit ist bei einzelnen Lebewesen je nach Altersstufe unterschiedlich ausgeprägt, ist jedoch selbst bei Arten mit einer so genannten mosaischen Entwicklung vorhanden.

Pflanzen sind besonders flexibel. Einige ihrer Zellschichten (Meristem) können sich fortwährend teilen und alle anderen Organe und Gewebe bilden. Ein bekannter Ausdruck dafür ist die vegetative Vermehrung durch Verflechtung und Ausbreitung der Ableger und des Wurzelwerks. Jedes pflanzliche Organ besteht gewöhnlich aus meristemalen und enddifferenzierten, nicht mehr teilungsfähigen Zellen. Die Einteilung ist von der Situation abhängig und die enddifferenzierten Zellen sind unter Umständen fähig, sich in meristemales Gewebe zurückzuverwandeln. Hierfür genügt es, den Zellverband aufzulösen. Die Landwirtschaft macht Gebrauch davon, züchtet Pflanzen aus einzelnen Zellen. Jede Zelle besitzt demzufolge den vollwertigen Gensatz und die Fähigkeit dazu, eine Pflanze zu werden. Sie verzichtet im festen Verband darauf. Die Aufgabe, der sich die Zelle widmet, bestimmt ihren Weg, ihre Funktion und die Wachstumsraten.

Wie sollen die Gene lenken, wenn sie selbst einer Zweckmäßigkeit unterworfen sind? Oder bilden Pflanzen eine Ausnahme?

Tiere der Wildbahn kennen weder eine vegetative Vermehrung, noch behalten sie im erwachsenen Alter embryonales Gewebe. Die Entwicklungsschritte sind normalerweise unumkehrbar. Dennoch gehen Gene mit der Differenzierung von Zellen nicht verloren, wie es die Versuche am Krallenfrosch schon im 19. Jahrhundert zeigten. Verpflanzt man den Kern einer teilungsunfähigen Hautzelle in das entkernte Froschei zurück, so teilt es sich. Das Ei entwickelt sich zum erwachsenen Tier. Das Gen, statt zu bestimmen, wartet geduldig auf die Erlaubnis zum Auftritt und erweist sich alles andere als diktatorisch. Trotz dieser Polypotenz ist die jeweilige Entwicklung eindeutig und unbeirrbar. Keine Änderung der Brut- und Aufzuchtbedingungen vermag aus einem Entenei einen Schwan geschweige denn eine Schildkröte hervorzubringen. Auf unterschiedlichen Wegen und Umwegen wird das Gleiche erreicht. Wie kann der Kern einer Keimzelle nach Generationen einander ablösenden Zellteilungen und Zelluntergängen Gesichtszüge eineiiger Zwillinge prägen, zu einem Zeitpunkt, wo er selbst längst nicht mehr da ist? Man würde einen Vorgang von dieser Präzision für unmöglich halten, wäre er nicht alltäglich zugleich. Ein Paradox ohnegleichen.

Die „unlösbaren" Rätsel sind meistens hausgemacht. Vor dreihundert Jahren glaubte man, dass Vakuum ansaugt. Unverständlich war dabei, warum eine Barometersäule mit steigender Höhe abfällt. Pascal ersetzte die naive Überzeugung des Horrors vacui durch die gegenteilige Annahme eines atmosphärischen Druckes und löste den Widerspruch. Ist unsere Unfähigkeit, die Entwicklung zu begreifen, etwa gleicher Natur? Stimmt etwas nicht daran, wie wir Gene betrachten? Tatsächlich verschwinden alle Deutungsschwierigkeiten, sobald man die Vorstellung einer vorgefassten Lenkung verwirft. Gene sind keine Drahtzieher, sondern Informationsbausteine der Selbstorganisation. Sie sind vorgefertigte Lösungen der Vermehrung und werden je nach Bedarf benutzt und von der Situation ein- und ausgeschaltet. Weder anmutige Körperumrisse, goldene Haarlocken noch ein Hängebauch, Gichtfüße, ein krummer Rücken, Doppelkinn oder eine faltige, warzige Altershaut sind in der Keimzelle vorgezeichnet. Sie werden nicht angestrebt, sie ergeben sich aus der Vermehrung verschiedener Zellreihen innerhalb einer begrenzten Zahl erprobter und genetisch verankerter Entfaltungsschritte und -möglichkeiten. Das folgende Beispiel soll verdeutlichen, wie es hierzu kommt.

Der Ausbruch eines Vulkans bedeckte einen Umkreis von mehreren Kilometern mit glühender Asche. Die üppigen Wälder an den Abhängen sind zur Steinwüste verwandelt. Organismen mit Resistenzformen werden Pioniere sein, deren Arbeit die leblose Landschaft allmählich verändert, und sie werden zu Opfern höher organisierter und anspruchsvoller Arten. Vom Zufall der Wind- und Wasserströme in das Gebiet getragen, lassen sich die Ankömmlinge in einer gesetzmäßigen Folge einzelner Entwicklungsschritte nieder bis dass der einstige Zustand wieder erreicht ist. Mit jedem Vulkanausbruch wiederholen sich Ereignisse mit anderen Teilnehmern auf ähnliche Weise. Die Vorgänge sind plastisch, geringe Wirrnisse können ihren Ablauf modifizieren, jedoch weder Stadien vertauschen (auslassen, ersetzen) noch die Richtung umkehren. Die Entwicklung nimmt Gestalt an, während sie den jeweiligen Möglichkeiten der Entfaltung folgt. Wir haben ein typisches „Entwicklungsprogramm" vor uns. Es ist plastisch und anpassungsfähig, dennoch unnachgiebig. Obwohl geordnet und zielgerichtet, ist es sinnlos, nach einem Plan oder einer ausführenden Zentrale zu suchen. Einzelne Arten breiten sich aus, verändern die Beschaffenheit der Lebensräume und ermöglichen anderen den Zutritt. Sie bilden Zwischenstufen einer fortwährenden Umwandlung. Die Vorgänger stellen Weichen für die Nachfolger. Somit ist die Richtung festgelegt, in der jedes neue Stadium ohne vorheriges unmöglich, genauso wie jeder weitere Schritt von dem zuvor gemachten abhängig ist. Der Zufall der Erstbesiedlung kann die einzelnen Entwicklungsschritte unterschiedlich färben, die allgemeine Tendenz bleibt davon unbeeinflusst und die Ähnlichkeit mit der Individualentwicklung wird umso größer. Die Eizelle teilt sich. Die Tochterzellen stellen ihre Arbeit entsprechend den veränderten Bedingungen um. Der stattfindende Umbau lässt nur noch bestimmte sinnvolle Entfaltungsschritte zu. So bringt die Lage eine neue Rolle, und die Rolle ändert die Bestimmung. Es gibt keinen Gesamtplan, wohl aber mehrere vorgefertigte Lösungen, welche die einzelnen Zellen je nach Umständen wählen. In Anlehnung an die Möglichkeiten, die die jeweilige Wirklichkeit bietet, ergibt sich dann ein geordnetes Wachstum, bei dem vorausgegangene Zelldifferenzierungen die Rahmenbedingungen weiterer Entwicklungsschritte sind.

Hingabe

Der Darwinismus verschmäht individuelle Lebenserfahrungen und akzeptiert nur genetisch verankerte Triebe. Der Selbsterhaltungstrieb im Kampf ums Überleben ist danach zentral. Die Wissenschaftlichkeit dieser Haltung ist vorgegaukelt, denn sie appelliert an ein Vorurteil. Jeder glaubt intuitiv zu wissen, was Selbsterhaltung ist. Das Gefühl der Gefahr und die Angst des Versagens sind allen vertraut, bestimmen mitunter unsere Handlungen und Absichten ohne dass wir uns mit diesen auseinandersetzen oder begreifen. Was verbirgt sich jedoch hinter dem Begriff der Selbsterhaltung, woran lässt sich deren Ausmaß bestimmen, etwa an dem Umfang des Zelltodes oder dem der Genverluste?

Tag für Tag sterben Tausende von Zellen in unserem Körper und werden Tausende von Zellen geboren. Ihr Sterben ist ein fester Bestandteil des Lebens. Beim Embryo ist der Vorgang der fortgesetzten Räumung und Neuentstehung besonders augenfällig. Stündlich entstehen neue Organe, die ihrerseits abgetragen und abgelöst werden, schmerzlos und ohne Angst, vielmehr mit der Wonne eines schnell wachsenden Körpers. Das Leben ist ein Fluss der Formen, der Strukturen und Zustände.

Aufrechterhalten wird allein der Vorgang der Entfaltung. Stockt die Entfaltung, schlägt der Körper Alarm. Ein Splitter in der Haut ruft Vorgänge des raschen Zelluntergangs und der Zellvermehrung hervor. Äußerlich ähneln diese der embryonalen Entwicklung. Der rasche Zellaustausch wird jedoch von pochenden Schmerzen, brennendem Druck und Unwohlsein begleitet. Die Entfaltung wird fortgesetzt und beschleunigt, jedoch nunmehr aufgezwungen und nicht selbst gewählt. Die Gegenüberstellung der embryonalen Entwicklung und der Vorgänge der Entzündung zeigt – weder Zelluntergang noch Organverlust, Wachstum oder Erhaltung, sondern der Wert des Ereignisses für die künftige Entfaltung entscheidet über die Empfindungen der „Selbsterhaltung": Schmerz, Langeweile, Trauer oder Freude und Lust. Selbsterhaltung ist eine ungeschickte Bezeichnung für die Alarmanlage des Strebens. Eine Epithelzelle des Darms, die die Verdauung des Organismus ermöglicht, indem sie sich aufbraucht und dabei dem eigenen Tod entgegeneilt, eine Soldatenameise oder eine Entzündungszelle, die sich „berauscht" auf den überlegenen Feind stürzt, denkt nicht an die „Selbst-Erhaltung". Leben ist in allen seinen Äußerungen keine Erhaltung, sondern ein Sturm, eine Eroberung, Wachstum. Leben ist eine Selbstbestimmung einer Fortentwicklung.

Alterung

Kinder wachsen schnell aus ihren Kleidern. Kaum getragen, sind Strampler, Hemdchen und Höschen zu klein und werden ausgetauscht bevor sie abgenutzt sind. Sie sehen neu aus und sind im Grunde neu.

Die Zeit wachsender Kräfte, Träume, dreister Wünsche folgt. Man will bedeutend erscheinen. Mode und Nachahmung regieren. Das gestern Getragene ist heute längst überholt. Flott, adrett und frisch sieht man aus obwohl manche Kleiderstücke inzwischen deutlich länger dienen.

Die Reife setzt andere Akzente. Man schätzt Erfolg und meidet Verschwendung. Die Kleider werden bis zu den ersten Abnutzungserscheinungen getragen. Die Sorgfalt der Erscheinung nimmt zu, der Abwechslungsreichtum ab. Allmählich schwinden die Kräfte. Die Erfahrung hilft mit Wenigem mehr zu erreichen. Die Einbußen bleiben lange Zeit unbemerkt. Das Gleichgewicht des Erwachsenenalters täuscht, das Altern ist längst unterwegs. Langsam, jedoch stetig nimmt sein Einfluss zu. Ist eine unsichtbare Grenze überschritten – beschleunigt sich der Körperzerfall. Der Geist erschlafft. Trägheit macht sich breit. Kleider zeigen, wie die Altershaut hier oder dort einen Schmutzfleck, Falten, durchgeriebene oder durchgesessene Stellen.

Das Geheimnis der Jugend ist einfach. Ob Kleid oder Körperstruktur, Teile, die schneller ersetzt werden, als die Umwelt sie merklich schädigt, zeigen keine sichtbaren Zeichen des Alterns. Auch sie altern, nur ist ihre Nutzdauer für die Veränderungen zu kurz. Mit den Milchzähnen verschwinden die Karieslöcher. Durch den Austausch wird das Gebiss wieder makellos den vorausgegangenen Fehlern zum Trotz.

Die Möglichkeiten der Fortentwicklung und somit des Austausches schwinden im Alter. Nicht weil es diese nicht gibt, die Evolution hat sie einfach noch nicht entdeckt. Die auftretenden Schäden können daher nicht mehr beseitigt werden. Die Folgen sind schlecht ausgeglichen. Das Altern hat kein eigenes Gesicht, es besteht in der Anhäufung von Krankheiten und Störungen ohne Aussicht auf Heilung.

Lebensdauer

Der Vorgang des Alterns und die Lebensdauer sind eng miteinander verbunden. Die Lebensdauer einer Art ist eine Gleichung des Strebens und des Versagens. Der Erfolg lässt sich an der artspezifischen Größe des Körpers, des Territoriums und der Ressourcen messen. Diese Merkmale sind direkt proportional zur Lebensdauer. Obwohl einige Überschneidungen möglich sind und eine Spore länger bestehen kann als ein Kaninchen, kann ein Elefant seinen Lebenszyklus nie so schnell abschließen wie eine Mücke, eine Mücke nie so schnell wie ein Pantoffeltierchen. Ein Pantoffeltierchen wird wiederum langsamer als ein

Bakterium sein, ein Bakterium ist eine Schnecke im Vergleich zum Virus.

Die Lebensdauer einer Art nimmt mit wachsender Körpergröße generell zu. Die größten aller bisherigen Organismen, die Bäume, sind zugleich die langlebigsten. Hier seien nur die Mammutbäume erwähnt mit ihrem nachweislichen Alter von über dreitausend Jahren und einem Körpervolumen von 1486,9 m³. Lebensdauer ist nicht nur artspezifisch sondern auch individuell regelbar und bestimmt die Dynamik der Evolution einer Population.

Ein E. coli Bakterium teilt sich alle zwanzig Minuten im Zuckersirup. Auf einem kargen Nährboden braucht es hierfür mehrere Tage. Die einzellige Alge Acetabularia reift im Mittelmeer drei Jahre lang. Im Labor, wo Winter und Nacht fehlen, schrumpft diese Zeit auf wenige Monate.

Der Wurm C.elegans ist ein beliebtes Versuchsobjekt der Entwicklungsgenetik. In natürlichen Lebensbedingungen nimmt seine Lebensdauer mit dem Aufwärmen der Umgebung ab. Eine magere Kost verlangsamt die Entwicklung verlängert die Lebensdauer und kann das Einschlagen alternativer Wege zu einer Dauerlarve bewirken. Die postembryonale Entwicklung von C.elegans beinhaltet Larvenhäutungen und dazwischen liegende L2, L3, L4 Entwicklungsstadien (L=Larve). Die Dauerlarve folgt auf eine Futterknappheit vor dem Ende des Stadiums L2. Äußerlich sind Dauerlarve und L3 gleich. Die Verweildauer im Stadium der Dauerlarve beträgt allerdings bei 20°C 45 Tage. Der ad libitum (nach Belieben) gefütterte Wurm lebt unter gleichen Bedingungen insgesamt etwa 14 Tage.

Futterreichtum und Temperatur bestimmen auch die Lebensdauer der Fische. Allerdings ist das Verhältnis zur Temperatur umgekehrt, denn mit steigenden Temperaturen sinkt der Sauerstoffgehalt des Wassers. Mangel an Sauerstoff bringt Futterarmut. Der Gemeine Stichling (Gasterosteus aculeatus) lebt in Neufundland etwa 18 Monate, in Südfrankreich benötigt der gleiche Fisch drei Jahre, um sexuell zu reifen.

Das Nahrungsangebot ist ebenfalls wichtig für die Lebensdauer der Säugetiere. Vergleicht man die Lebensdauer zweier Ratten-kolonien, von denen die eine nach Belieben Futter bekommt, die andere aber nur 60% dessen, was die erste verzehrt, so stellt man eine Verkürzung der Lebensdauer der ersten Gruppe um 50% fest.

Die aufgeführten Beispiele weisen auf eine Gesetzmäßigkeit hin, die die individuelle Lebensdauer aller Arten regelt: Sind die Ressourcen karg, verlangsamt sich die Individualentwicklung, die Zeit des Reifens, die Reproduktions- und die Lebensdauer. Bei günstigen Umständen beschleunigen sich die Vorgänge. Die Lebenserwartung ergibt sich aus den Vorzügen der arteigenen körperlichen Anlagen und den Überlebenschancen in einer konkreten Umwelt.

Tod

Im achtzehnten Jahrhundert wurde man auf die Tatsache auf-merksam, dass zwischen den einzelnen Lebensabschnitten der Säuger eine artübergreifende Übereinstimmung besteht. Setzt man die Dauer der Embryogenese, der Säuglings- und Kinder-zeit, die Zeit bis zur Pubertät und Trächtigkeitsperiode ins Ver-hältnis zueinander, so fällt dieses bei verschiedenen Arten ähn-lich aus, obwohl sich die Lebensdauer um das Mehrfache unter-scheidet. Eine Maus lebt durchschnittlich ein Jahr, der Hund 15, der Mensch 70 Jahre, doch bezogen auf die Lebenszeit, durch-laufen alle die gleichen Etappen, von der Geburt bis zur Träch-tigkeit, von der Trächtigkeit bis zur Menopause in vergleichba-ren Raten. Warum leben diese Tiere ähnlich und doch unter-schiedlich schnell?

Der Unfall ist befangen. Beim Menschen, der ausgewachsenen Schildkröte oder bei einem Baum, sind Unfälle selten. Bei einer Mücke, die Blut saugt, bei einer Ratte in der Speisekammer, sind sie allgegenwärtig. Bleiben wir bei der Ratte. Felduntersu-chungen zeigen, dass eine Ratte in Freiheit kaum ein Jahr über-lebt. Der Mensch, die Katze, der Falke, der Hund, der kalte Winter und die kannibalistischen Nachbarn machen ihr das

Leben schwer. Im Tierlabor wird sie dagegen drei Jahre alt. Offensichtlich bestimmen Lebensumstände maßgeblich die Lebensdauer einer Ratte. Die Lebensdauer eines Menschen wäre für die Ratte katastrophal. Eine Mindestzeit von zwölf Jahren bis zur Fortpflanzungsreife ist unzumutbar, wenn man ein Rattenleben führt. Die hohe Lebensgeschwindigkeit wiederum kompensiert die harschen Lebensumstände. Eine rasende Entwicklung erlaubt den vorbeugenden Austausch von Strukturen bevor sie aufgebraucht sind, gewährt eine Art Frische und Vitalität inmitten einer feindlichen Umwelt. Man lebt kürzer, jedoch unbeschwerter, dafür erleidet man in der Regel einen gewaltsamen Tod.

Die Evolutionsgeschichte der Säugetiere ist kurz. Der Entwicklungsplan ist einheitlich und weicht kaum von dem der Stammesväter ab. Die meisten Arten wechseln zwei Mal die Zähne, die Elefanten vier Mal, die übrigen Unterschiede sind insgesamt geringfügig und betreffen vorwiegend die Proportionen. Familien mit einer längeren Erfolgsgeschichte demonstrieren eine differenziertere Umgestaltung einzelner Lebensabschnitte. Die Insekten teilten sich noch vor der Besiedlung der Kontinente in verschiedene Linien und gingen ihre eigene Wege. Hier sind die Verhältnisse besonders bizarr. Die Ähnlichkeit zwischen den einzelnen Arten ist schwer auszumachen. Nicht nur die Lebensdauer insgesamt, sondern jede einzelne Etappe der Lebensgeschichte wurde stark transformiert, mit neuen Inhalten gefüllt, verlangsamt, beschleunigt oder gänzlich gestrichen. Die Theißblüte (Palingenia longicauda), auch Eintagsfliege genannt, lebt als Imago wenige Stunden. Diesem kurzen Lebensabschnitt ist eine zwei bis drei Jahre lange Entwicklung vorangestellt. Ihre „Jugend" verbringt die Theißblüte im Schlamm der Flüsse, wechselt mehrmals das Larvenstadium und gelangt ins Wasser. Wenn die Theißblüte nach mehreren Umwandlungen als Imago aufwacht, ist ihr Verdauungskanal zwar angelegt, jedoch verkümmert, der Mittel- und Enddarm sind entweder degeneriert oder fehlen. Einige Organismen weisen zur Nahrungsaufnahme ungeeignete Mundorgane auf. Alles, was der Fortpflanzung nicht unmittelbar dient, ist schlampig angelegt. Die Eintagsfliege verbraucht die Fettvorräte des Larvenstadiums, tanzt unbekümmert, paart sich und stirbt an den Folgen ihrer Missbildungen.

Niedere Pflanzen verdienen eine Sonderbehandlung. Um Früchtereifung und Sprossung mit der Jahreszeit abzustimmen, entdeckten Pflanzen den programmierten Tod. Dieser wird durch Seneszenzhormone der Frucht ausgelöst. Mit dem Ausreifen der Frucht stirbt die Pflanze, bevor diese im eigentlichen Sinne altert, abgenutzt oder beschädigt ist. Die Pflanze wird mehrjährig, wenn die Blütenbildung verhindert wird.

Der programmierte Tod ist ein Notbehelf. Pflanzen, welche die klimatischen Schranken durchbrechen, legen diesen ab. Der Lebenszyklus eines Baumes: Entwicklung (Zeit bis zur Blüte), Erwachsenenalter (Periode der aktiven Reproduktion) und Seneszenz (allmähliches Versagen vieler Systeme) – gleicht demjenigen des Tieres. Wurzelwerk, Baumstamm und Krone gleiten allmählich vom optimalen Verhältnis ab. Das Leitgewebe wird überfordert. Obwohl der Baum theoretisch nicht zu sterben braucht, machen sich Projektierfehler sowie die unvermeidbaren Ausführungsmängel – spätestens nach Jahrtausenden – bemerkbar.

Äußerlich beginnt das Altern eines Baums mit der Verlangsamung des Höhenwachstums. Die apikale (Spitzen)-Dominanz lässt nach und geht verloren. Das Breitenwachstum wird ausgeschöpft. Dann trocknet und geht der Kopf des Baumes ein. Der Baum wird flach, tischartig. Der Tod naht. Unwetter, Ungeziefer, Bakterien oder vorsorgliche Förster besiegeln das Werk.

Territorien

Denker, sagte Nietzsche sinngemäß, vermehren sich durch ihr Wirken nachhaltiger als durch ihre Geschlechtsorgane. Die Aussage trifft nicht nur auf Philosophen zu.

Der gegenseitige Druck, die Hierarchie der Beziehungen, die Geographie der Grenzen, die Verteilung von Gefahren und Gelegenheiten vermitteln die Wirkung Einzelner auf die Gesamtheit. Die eigenen Kinder sind ein Bruchteil des gestalterischen Lebenswerkes, nicht der wichtigste. Denn selbst die kinderlos gebliebenen Angehörigen einer sexuellen Art tragen maßgeblich zur Gestaltung künftiger Generationen bei. Die sexuelle Art vermehrt sich stets als Ganze. Die Individualität mit ihren stärksten Auswüchsen wie Aggression, Ausgrenzung, Prahlsucht sind bloß einzelne Mittel womit sich die Integrität durchsetzt.

Aggression

Das laute Gequietschte und Gedränge um die Beute herum erweckt den Eindruck, als drehe sich alles auf dieser Welt um das Erhaschen und an sich Reißen. Tatsächlich geht es nur bei Aas und Fäkalienfressern so zu. Aber auch diese haben gemütliche Stunden, wenn ihre bescheidenen Ansprüche gesichert sind. Viele glauben aus eigener Erfahrung zu wissen, was Überlebenskampf ist. Man schreibt die alltägliche Erfahrung des gegenseitigen Anekelns und Anfeindens dem sozialen Stress zu. Mit der Zivilisation haben diese Übel nichts zu tun. Das Problem stammt aus anderen Zeiten. Aggression den Artgenossen gegenüber erfüllt eine wichtige Aufgabe in der Wildbahn. Sie bewirkt eine bessere Ausnutzung der Ressourcen, treibt die Individuen auseinander und führt zu einer gleichmäßigen Besiedlung der Lebensräume.

Die Größe des Lebensraumes, die ein Individuum für sich beansprucht, kenntlich markiert und bereit ist zu verteidigen, wird Territorium genannt. Die Markierung erfolgt durch Gesang, Zeichen oder Duftmarken. In der Geschichte von Wilhelm Tell war es der Hut auf einer Stange. Tiere stellen gleich Menschen Warnschilder auf. Artgenossen nehmen die Hinweise wahr und respektieren die Grenzen.

Grenzen

Die Macht territorialer Symbole ist eindrucksvoll. Die keineswegs zimperlichen Hyänen brechen ihre Jagd an den Grenzen zum benachbarten Territorium ab, obwohl ihre Artgenossen nicht in Sicht sind. Warum wird in der wilden Natur der territoriale Besitz respektiert, wo es so viele Besitzlose gibt? Weil der

Besitz Kräfte verleiht, um mit Aggressionen von Besitzlosen fertig zu werden. Das Leben scheut Vergeudung und meidet einen aussichtslosen Streit. Die Größe des Territoriums, die Weise, wie dieses markiert und geachtet wird, sind Faktoren, die in langen Auseinandersetzungen ihre Gültigkeit bewiesen haben und im Gefühlsleben der Tiere genetisch untermauert wurden. Auch wir richten uns danach. In einer fremden Umgebung fühlen wir uns unsicher und sind bereit, jedem auszuweichen, der uns bloß anschaut und nach dem Grund unserer Anwesenheit fragt. Die Beklemmung und die Bereitschaft zu fliehen, dem Streit auszuweichen, schwinden in vertrauter Umgebung und wir schicken leichten Herzens jeden Eindringling zum Teufel, selbst wenn er behauptet, der Heimkehrer und rechtmäßige Eigentümer des Waldhauses zu sein, in dem wir seit einigen Jahren uneingeladen verlassenen wohnen. Zwei Regungen kanalisieren die Auseinandersetzung: Kampf und Flucht. Je weiter das Individuum vom Kern seines Territoriums entfernt ist, umso eher neigt es zur Flucht und umgekehrt. Im Zweifelsfall kommt es zum Kräftemessen. Der Ausgang jedes Kampfes ist ungewiss. Bläst sich der Gegner stärker auf, sind seine Hass- und Wutfarben greller, brüllt er lauter als man es selbst vermag, so ist er vermutlich der Überlegene. Wozu die Ungewissheit des Kampfes, wenn man ohne Prügel das Nötige nebenan bekommt? Mit zunehmender Besiedlungsdichte versagen die Drohmittel. Die Übertritte häufen sich und müssen geahndet werden. Rivalenkämpfe lösen Gebärden ab und werden umso verbissener geführt, je existentieller sie empfunden werden.

Glanz

Die Sorgfalt, mit der das Männchen des Argusfasans seine Schwungfedern zur Schau stellt, damit die Farben ihre volle Wirkung entfalten oder das Stieglitzmännchen abwechselnd seine Gold geschmückten Flügel präsentiert, lässt keinen Zweifel daran: Diese Tiere nehmen ihr Ansehen äußerst ernst. Wozu ist dieser Aufwand des Schmückens gut? Was soll das Aufspielen? Genügt dem Spatzen doch das „Pferdeapfelkostüm", um sich vielerorts zu verbreiten. Der Prunk läuft der Vorstellung vom Überlebenskampf zuwider. Darwinismus betrachtet den Überschwang als Dekadenz, als eine „Sackgasse der Evolution". Ähnliches soll einst dem Riesenhirsch mit seiner Geweihspanne von fast vier Metern, dem Säbelzahntiger mit seinen bis zur Beißunfähigkeit vergrößerten Eckzähnen, vielleicht sogar den Dinosauriern mit ihrem Gigantismus widerfahren sein. Bei dem blauen Pfau soll es die „nutzlose" Schleppe sein: Bis zu 1,30 Meter lang, dient sie nur dem Pomp und der Eitelkeit. Das leuchtende Farbenspiel ist darüber hinaus verräterisch und bedeutet angesichts eines Feindes Lebensgefahr.

Tarnung? Versteckspielen? Was nutzen sie dem Sieger? Der Kampf vermag die Macht wirkungsvoll vorzuführen, er ist jedoch untauglich zum Aufrechterhalten der Macht, die in unendlichen Streitereien verbraucht wird. Der Glanz ist geeigneter dafür. Nicht die Königskleider beeindrucken Rivalen und hindern sie daran, sich am Besitz zu vergreifen. Schließlich ist dieser Besitz gerade die Quelle des Reichtums. Nicht die Schönheit macht die Weibchen gefügig (was findet das Warzenschwein wohl schön?), sondern die Macht und der Reichtum, die dazu erforderlich sind, die überflüssige Pracht zu entfalten. Ein Pfau springt abends aus dem Stand bis zu anderthalb Meter hoch auf einen Schlafast, ohne wesentlich die Flügel zu Hilfe zu nehmen. In indischen Dörfern wird der wildlebende Pfau verehrt, weil er Schlangen vertilgt. Er greift bis zu zwei Meter lange Königskobras an. Einheimische Raubtiere, wie Mungos, Streifenhyänen, Rothunde, Rohr- und Bengalkatzen wagen sich nicht an den Pfau heran. Sie würden doch nur Prügel beziehen. Wer prunkvoll ist, muss stark sein, um seine Stellung zu behaupten – eine unmissverständliche Sprache der Könige, aller Könige.

Als Rousseau sich gegen die Künstlichkeit des absolutistischen Frankreichs auflehnte und diesem die Einfachheit der Natur entgegenstellte, verweigerte er einer ausgehöhlten Macht den Gehorsam. In Sachen Natur war er ignorant. Ausschweifender als in der Natur geht es nirgends zu. Lange vor den Menschen hat die Natur „königliche Pracht" hervorgebracht. Felle und

Federn in Trachten, Geweih-, Tier- und Adlersymbole in Wappen sind ungeschickte Nachahmungen fremden Prunks. Die allgemein verbreitete Prahlsucht, Eitelkeit und das Verlangen nach Geltung zeigen, wie wenig sich der Mensch vom Tier entfernte, wie sehr die überholten Instinkte sein Denken beherrschen selbst auf den sozialen Gebieten, die der Mensch ausschließlich für sich eigen hält.

Das Soziale
Schwarm, Schar, Rudel, Herde

Ein Steinbogen über dem Fenster oder dem Tor ist fest, weil jeder Stein zuerst einzustürzen strebt und den Vortritt der anderen behindert. Konkurrenz ist ein Verhältnis, bei dem die gleichartigen Anstrengungen aller das Vorankommen einzelner verhindert. Die Aggression treibt die Individuen auseinander, bewirkt eine gleichmäßige Besiedlung der Lebensräume, neutralisiert überflüssige Kräfte, kontrolliert die Vermehrung, senkt den Druck. Die Aggression versagt, wenn die Grenzen der Ausdehnung nicht nachgeben. Übersteigt das Gedränge den individuellen Widerstand, so zerbricht die Ordnung territorialer Grenzen. Das Massenhafte bestimmt fortan die Populationsarchitektur. Das Schwärmen ist die einfachste Umschichtung dieser Art. Der Schwarm überlässt dem Individuum ein Minimum an Platz, verschafft der Population jedoch einen zusätzlichen Raum. Der Schwarm verarmt gleichermaßen alle und erweist sich nur bei den auf Abgrasen spezialisierten Tieren als dauerhaft. Die Ruhelosigkeit einer ständigen Nahrungssuche ist der Preis des Herdenlebens.

Schwarmbildung kommt auch bei Tieren mit komplexen Beziehungen zu ihrer Umwelt vor. Die Zusammenballung ist zeitlich begrenzt und erfüllt spezielle Aufgaben – vor allem die Überwindung von Hindernissen, denen ein Einzeltier nicht gewachsen ist: Gemeinsame Brutpflege unter extremen antarktischen

Lebensbedingungen, jahreszeitliche Wanderzüge über fremde Besitzgebiete, Flucht vor Katastrophen, Jagd, Krieg.

Lemminge sind eingefleischte Individualisten. In der Tundra bilden ihre knapp unter der Oberfläche verlaufenden Gänge und die oberirdischen Rinnen stellenweise dichte Netze. Menschen, die hier hineinstapfen, machen schnell eine unangenehme Bekanntschaft. Denn, sind diese nordischen Wühlmäuse auch nur zwölf bis fünfzehn Zentimeter groß, verteidigen sie doch ihr Territorium vehement gegen jeden Eindringling. Äußerst ungesellig bekämpfen sie sich auch untereinander. Im flachen Nest inmitten des Gangsystems wirft das Weibchen zwei- oder auch mehrmals im Jahr Junge, meistens drei oder vier. Nach sieben Wochen ist die neue Generation fortpflanzungsreif. Die starke Vermehrung gleicht gerade die Einschnitte durch Krankheiten und Feinde aus. Wolf, Vielfraß, Hermelin, Eule, Adler, Bussard, Raubmöwe sind auf Lemminge angewiesen. Sogar Rentiere verschmähen diese Leckerbissen nicht. Am stärksten aber räumt das Frühjahrschmelzwasser auf. Folgen mehrere fette Jahre aufeinander, dann ist das Lemmingland übervölkert. Die Tiere rotten sich zu riesigen Scharen zusammen, die in Reih und Glied nach Osten, Süden oder Westen über alle territorialen Grenzen hinweg marschieren, ohne dass Einzeltiere es wagen, sich ihnen in den Weg zu stellen. Obwohl weniger zahlreich, fallen die Wanderungen der Berglemminge stärker auf, weil die Wege scharf vorgezeichnet sind. Die Lemminge durchwandern Ortschaften, machen bei Tagesanbruch nicht halt, springen Hunde an. Viele werden tot gebissen oder von Anwohnern erschlagen. Nichts bremst die während des Wanderns verstärkt reizbaren Nager. An den flachen Küstenstreifen Schwedens und Finnlands überqueren die Wanderer Straßen und Bahnkörper (sie brachten hier schon öfter einen Zug zum Stehen), durchschwimmen Seen, wobei viele ertrinken. Die Überlebenden drängt es unbeirrt weiter. Weil sie nicht finden können, was sie brauchen, nämlich ihren spezifischen Lebensraum, führt die Reise stets ins Uferlose. In Finnland sind Lemmingszüge bis zu 250 Kilometer weit vorgedrungen. Am Meer staut sich der Zug, es kommt zur Ansammlung von Abertausenden. Den wandernden Scharen schlägt an den Fjorden und der steilen Nordmeerküste ihre letzte Stunde. Ein Ausweichen gibt es nicht. Die Weite der Fjordwasserflächen, die Schroffheit der jenseitigen Felsgestade schrecken sie nicht ab. Die Tiere rudern hinüber, klettern drüben über die Felsen und schwimmen weiter ins offene Meer hinaus. Ihre toten Körper übersähen den Ufersaum. Die Kühnheit, mit der sie sich auf der Wanderung verteidigen und die Vorsicht, mit der sie das Wasser betreten, sprechen gegen Wahnsinn und beabsichtigten Selbstmord. Sie wandern, trampeln und schwimmen sich in die Freiheit tot. Die alte Welt ist zu klein geworden und Amerika zu weit. Die Völkerwanderung eines Schwarms löst Probleme der Übervölkerung, wenn nicht durch Überwindung von Hindernissen, Sieg und Ausbreitung – dann im selbstlosen Aufopfern.

Hierarchie

Wie oft müsste man staunen angesichts der Unvollkommenheit der menschlichen Natur, der Beschränktheit einzelner Motive und der Monumentalität gemeinsamer Werke. Die Werke der wilden Natur stehen den menschlichen Schöpfungen nicht nach. Die ausgewogenen Wechselbeziehungen unter Tieren und Pflanzen, das Wunder eines mehrzelligen Organismus, an dessen Bau Tausende von Zellen beteiligt sind, faszinieren.

Termitenhügel sind mitunter sieben Meter hohe Betonfestungen. Schlägt man ein Loch in die Mauer, klopfen Wachposten mit ihren Köpfen Alarm gegen die Wände. Die Nymphen verbergen sich in die tieferen Regionen des dunklen Labyrinths. Schützend wird die Königin in ihrem Saal eingemauert. Soldaten quellen aus der Bresche heraus und stellen sich im Kreise auf, hinter dem die Arbeiter mit der Beseitigung des Schadens beginnen. In wenigen Stunden entsteht eine neue Kuppel, von Lebewesen mit dem winzigen Gehirn einer Küchenschabe errichtet, deren nächster Verwandter sie auch sind. Das Streben Einzelner trifft aufeinander und verschmilzt. Dabei wird die Gemeinschaft in einer Weise geordnet, die weit intelligenter als jedes einzelne sie ausmachende Wesen ist. Die Rechnung des Zusammenseins ist in der Natur und Gesellschaft gleich. Eine dauerhafte Beziehung ist nur auf der Basis einer gegenseitigen Förderung und Erweiterung möglich.

Der Grundsatz der Gegenseitigkeit mag bei Insekten und Blumen einleuchten. Der Anblick eines vor dem Wolfe flüchtenden Hasen scheint vom Gegenteil zu sprechen. Der Schein trügt.

Parasitismus

Verfolgen wir das Schicksal einer Pflanzenkolonie, die sich auf einer Insel ausbreitet, dabei von Stürmen und Unwetter verschont, von Sonne und Wasser jedoch verwöhnt wird. Das Erfolgsgeheimnis des Lebens ist eine der Abnutzung vorauseilende Vermehrung. Alle Bedingungen sind zunächst auf einer unbewachsenen Insel erfüllt. Das Leben ist jung, frisch, draufgängerisch.

Bei ausgefülltem Lebensraum findet das Wachstum und mit ihm die Erneuerung erst dann statt, wenn das Ableben und die Verwesung Platz schaffen. Die Enge macht Neugeburt vom Verfall abhängig. Alterung und Zerfall prägen das Erscheinungsbild einer Kolonie, die an die Grenzen des Wachstums gestoßen ist. Dabei sind Sonne, Wasser und Nahrung weiterhin reichlich auf der Insel vorhanden.

Die Situation ändert sich mit dem Erscheinen eines Parasiten. Der Parasit reißt Löcher ins Dickicht, schafft Entfaltungsräume für die Überlebenden, behebt die würgende Enge und ermöglicht der Kolonie ein zügiges Wachstum, Gesundheit und Wohlergehen trotz weiterhin fehlenden Entfaltungsmöglichkeiten. Der Anteil, den ein Parasit verzehren kann, ohne die eigene Lebensgrundlage zu schmälern, entspricht den Zuwachsraten, die er durch seine Tätigkeit der Pflanzenkolonie erschließt. Der Parasit ist somit ein Regulator des Wachstums.

Die Gegenseitigkeit der Beziehung mach sie nicht reibungslos. Die Vermehrung von Parasiten und das Nachwachsen von Pflanzen schwanken zum Nachteil beider. Darum wird ein Gleichgewicht angestrebt, an dem beide Seiten sich aktiv beteiligen. Die 300 Millionen Jahre alte Beziehung von Insekten zu Pflanzen hat sich aus dem Parasitismus zu einer zärtlichen Bindung entwickelt. Bei der Bestäubung nehmen die Beteiligten einander gefällige Organgestalten, Farbe und Aroma an. Der Parasit hat keine Sonderstellung. An den Grenzen seines Wachstums angelangt, muss er mit dem Parasiten des Parasiten, dem Raubtier rechnen. Das Raubtier wiederum wird von winzigen Lebewesen bedrängt, die seinen Krallen, Angriffs- und Verteidigungswaffen entkommen. Es handelt sich um Krankheitserreger. Die steigende Populationsdichte begünstigt ihre epidemische Ausbreitung. Seuchen lichten die Population zur Erleichterung der Hinterbliebenen. Auf dem Riesenrad der Hierarchie ist alles miteinander verbunden. Das Oben und Unten wechselt mehrmals seine Lage. Keiner ist, was er zu sein vorgibt.

Der Parasitismus wird in geschlossenen Lebensräumen gepflegt, überall dort, wo die Evolution stockt, unfähig etwas Neues, vor allem Besseres hervorzubringen und Erstickung droht. Fallen die Mauern, wird ein neuer Kontinent entdeckt, neue Lebensräume erschlossen, so wird der Parasit abgeworfen. Die immunen Arten sind im Vorteil und breiten sich in den neu entdeckten Räumen aus. Die ärmliche Behausung der Anfänge ist bald vergessen, die Auswanderer werden reich und stark. Aus dem sicheren Hinterland kehren sie auch in die ursprünglichen Lebensräume ein, und wenn sie diese nur durchstreifen – die von Parasiten klein und schmächtig gehaltenen Organismen können sich gegenüber den in Freiheit aufwachsenden nicht behaupten und scheiden aus. Mit ihnen brechen ganze Ordnungen wechselseitiger Abhängigkeiten zusammen, denn mit dem Träger verschwindet auch der Parasit.

Vorsprünge, die nicht aufzuholen sind, gelingen selten. Die Evolution verläuft im Zickzack. In der Regel erreicht die immune Kolonie ihre Wachstumsgrenzen, noch ehe die vom Parasiten befallene Kolonie ausscheidet. Verknappung, Gebrechen und Apathie holen die Ausreißer ein. Die in der Unterdrückung Zurückgelassenen zeigen sich nunmehr überlegen und überschreiten die Gebietsgrenzen ihrer verwöhnten Nachbarn. In ihrem Lebenshunger und Durst unersättlich, in den Ansprüchen bescheiden, finden sie überall dort einen Festschmaus, wo das Futter ihren Vorgängern kaum für eine Mahlzeit reicht. Um diesen Eindringlingen zu widerstehen, müsste man entweder reich, groß und stark sein, oder sich einen eigenen Parasiten zulegen. Die Schleife der Geschichte macht eine Windung auf der Spirale, die man Fortschritt nennt. Der Entdeckung folgt der Aufbruch, die Befreiung, der Vorsprung, die Belebung, dann die Verlangsamung, Enge, Abgrenzung, Aussonderung, Unterwerfung oder Untergang. Der Parasit erfüllt den Traum von der Unbeschwertheit, von Wachstum und Überfluss inmitten einer unerträglichen Enge. Dass das Opfer, selbst an der Reihe, seinen Kopf nicht gern hinhält, sondern sich wehrt, sehen wir an den alltäglichen Bildern der Jagd, der Flucht, der Agonie im „Kampf ums Überleben".

Kooperation

Parasitismus ist ein erlittener Ausweg aus der Enge, Kooperation ein gemeinsamer Aufstieg in die neuen Dimensionen des Daseins. Der Parasitismus nutzt das Gegebene aus, die Kooperation erschließt neue Quellen. Der Parasitismus maßregelt, die Kooperation strebt voran. Partner tun sich zusammen, um ihre Entfaltungsräume zu erweitern. Viele Käfer, die im Holz bohren, leben zusammen mit Pilzen, die ihnen einen Teil der Verdauung abnehmen. Das Käferweibchen beschmiert jedes Ei, das es ablegt, damit die Partnerschaft in der nächsten Generation anhält. Der Anemonenfisch ist gegen die Stiche von Seeanemonen unempfindlich und lebt zwischen deren Tentakeln. Dabei wirkt er als Köder für andere Fische und ist selbst vor Räubern sicher. Viele Vögel bauen ihre Nester in der Nähe von Bienenstöcken. Madenhacker putzen Nashörner, Kuhreiher widmen sich dem Rind. Festsitzende Lebewesen verwenden zu ihrer Ausbreitung oft andere bewegliche Organismen. Seepocken haften sich an Wale, Seeanemonen an Krabben fest. Dabei werden sie transportiert und erhalten zusätzliche Nahrung. Die

Seeanemonen verschaffen den Krabben Tarnung und verhindern, dass diese von Kraken gefressen werden. Insekten und Wurmarten nutzen das Reisen per Anhalter seit mindestens 250 Millionen Jahren, wie es Bernsteinfossilien beweisen. Blütenpflanzen sichern sich mit Hilfe von Bienen, Schmetterlingen, Kolibris und Fledermäusen ihre Fremdbestäubung und belohnen sie mit nahrhaftem Nektar. Die Menschen betreiben Ackerbau und Viehzucht.

Ehe

Die kostspieligen Verhaltensregeln der Sexualität: Tänze, Trachten, Hörner, Territorien, Bauen von Nestern ohne die nichts, aber auch nichts läuft – sind das alles Schikanen, die von der Fortpflanzung abhalten sollen? Wohl kaum. Es sind Vorbereitungen auf das Fest der Liebe und den Ernst des Alltags danach. Der dunkle Anzug des Bräutigams und das makellose Weiß der Braut unterstreichen feierlich die Bedeutung. Geschenke, eine eingerichtete Wohnstätte und ein angesammeltes Vermögen sichern den Fortpflanzungserfolg.

Solange eine Art sich ungehindert ausbreitet, und die Populationsdichte gering ist, hängt die Fortpflanzungsgeschwindigkeit unmittelbar von den Lebensbedingungen ab. Ein leichtes Leben bedeutet viele Nachkommen, ein hartes wenige. Die Rituale der Sexualität sind unterentwickelt, da nebensächlich. Arten, die von Raubtieren, Parasiten oder Unfällen dezimiert werden, kennen ebenfalls keine hausgemachten Hürden. Die individuellen Entfaltungsräume werden durch Parasitismus weit auseinandergehalten. Die Welt ist heil, solange das Raubtier nicht in Sicht ist. Das Kräftemessen untereinander ist nebensächlich. Die Herausforderung andere zu überbieten fehlt und ist letztendlich nutzlos, da nicht Körpergröße, Kraft oder Vermögen, sondern der Zufall über das Fortleben bestimmt. Allein die Geschwindigkeit zählt. Anders bei Arten, die ihre Freiheit bewahren konnten. Der Aufwand für die Sicherung eines Territoriums nimmt mit wachsender Bevölkerungsdichte zu. Trotz eines generell steigenden Wohlstands fehlen die ungebundenen

56

Kräfte, die sich der Fortpflanzung widmen könnten. Sie werden von den wachsenden Anforderungen der Besitzerhaltung aufgezehrt. Das Wechselspiel des individuellen, der Sexualität und des Sozialen bestimmen die Evolution.

GESCHICHTE DES LEBENS
Ozean

Wasser ist die Voraussetzung und Wiege des Lebens. Die ersten Ablagerungen, die im strömenden Wasser entstehen, lassen sich auf etwa 4 Milliarden Jahre zurückdatieren. Geologisch gesehen erscheint das Leben unmittelbar darauf, denn schon in 3,5 Milliarden Jahre alten Sedimenten wurden eindeutig Bakterien nachgewiesen.

Bakterien

Die ersten paläontologischen Zeugnisse vom Leben sind Stromatolithen. Ein Schnitt durch den Stromatolithen zeigt mehrere unregelmäßige Lagen, nur die oberste Schicht ist lebendig. Der dünne bakterielle Biofilm der Oberfläche fängt anorganische Partikel aus dem Wasser ein und sedimentiert sie zu einem Monolith darunter. Der Stromatolith wächst von innen nach außen. Bis vor 1,8 Milliarden Jahren sind die Stromatolithen die einzigen fossilen Vertreter des Lebens. Einige erreichen eine beachtliche Größe von 10 Metern. Alle bleiben in ihrem Aufbau gleich. Diese äußerlich an Ereignissen arme Zeit verbirgt eine Fortentwicklung von Enzymen, Membranen, sowie Veränderungen des genetischen Apparates einer Zelle und begründet die Vielfalt heute lebender Mikroorganismen.

Eukaryont

Maßgeblich für die weitere Entwicklung des Lebens ist die Entdeckung der Photosynthese. Die ersten Bakterien sind anaerob. Sauerstoff fehlt. Pyritkörnchen ($FeS2$), von denen bekannt ist, dass sie leicht oxydierbar sind, finden sich in den bis zu 2

Mrd. Jahren alten Sedimenten. Das rote (oxydierte) Gestein markiert die ersten sicheren Spuren des atmosphärischen Sauerstoffs und ist etwa 1,5-1,8 Milliarden Jahre alt. Dazwischen erfolgt der Übergang von einer sauerstoffarmen zu einer sauerstoffreichen Atmosphäre.

Der Sauerstoff führt einerseits zum Rückgang anaerober Organismen, ermöglicht andererseits eine energiereiche Gärung. Vermutlich vor 1,4 Milliarden Jahren entsteht aus der Kooperation mehrerer Bakterienzellen eine Überzelle – der Eukaryont (mit Kern, Chromosomen, Strukturen des Zytoplasmas). Seine Überlegenheit ist gewaltig. Als Folge verschwinden die Stromatolithenriesen und werden niemals wieder bedeutsam. Obwohl auch heute lebende Bakterien zur Ausbildung von Stromatolithen fähig sind, kommen sie nicht mehr dazu, da eukaryontische Organismen die bakteriellen Schichten vorher abgrasen. Die letzten unversehrten Stromatolithen finden sich in den ätzenden Salzseen Australiens, wo die Lebensbedingungen für Eukaryonten unerträglich sind.

Eine Milliarde Jahre braucht der Eukaryont, um die Welt der Bakterien neu zu ordnen. Er bleibt während dieser Zeit einzellig. Wie groß er werden kann, zeigen die noch heute lebende 15 Millimeter große einzellige Alge Acetabularia und einige Vertreter der Schleimpilze, deren Zellgröße mehrere Zentimeter erreicht. Ob es größere Einzeller in der Urzeit gab, wissen wir nicht, da ihre amorphen Körper keine Versteinerungen hinterließen.

Mehrzeller

Die Organ- und Form gestaltenden Möglichkeiten eines Einzellers sind spärlich. Was für einen Einzeller einen unüberwindbaren Aufwand darstellt, ist für einen Mehrzeller eine bloße Umstrukturierung seiner Zellschichten. Dennoch lässt der Mehrzeller lange auf sich warten. Zu Beginn des Kambriums (vor 700 - 600 Millionen Jahren) ist es soweit. Mehrzellige Weichkörpertiere von verschiedensten Formen und Bauplänen erscheinen auf einmal wie aus einem Hut hervorgezaubert: Würmer, Seefedern, Stacheln, Algen, Röhren, Platten, Kugeln, Klingen, Hauben, Becher, Schwämme, aber auch bizarre Tierchen mit fünf Augen und einem frontalen Rüssel – die größten von ihnen messen wenige Zentimeter. Alle neuzeitlichen Stämme sind vertreten. Darüber hinaus findet man schrille anatomische Experimente. Die meisten verschwinden bald, von den gepanzerten Eindringlingen förmlich zerquetscht.

Trilobiten

Die Zeit der Panzerung bricht vor rund 570 Millionen Jahren an. Die steife Mode erfasst das gesamte Tierreich. Die Hartteile stützen den Weichkörper und bieten Ansatzstellen für die Muskulatur. Stachelhäuter, Armfüßler, Korallen vor allem aber die Trilobiten prägen die Landschaft. Die Funde an Weichtieren werden selten. Die Zeichen der Zeit sind unmissverständlich. – Wer Erfolg haben will, muss gepanzert sein.

Alle Vorzüge sind zeitlich. Eine Panzerung macht unschlagbar in der Auseinandersetzung mit gleichgroßen Weichtieren. Unter Gleichgewappneten entscheiden Stärke und Größe – der Panzer aber verhindert das Wachstum. Umgangen wird das Problem entweder durch einen besonderen Körperbau, der trotz einer harten Außenschale ein kontinuierliches Wachstum zulässt (typisch für Muscheln, Schnecken oder Kalmaren) oder durch aufeinander folgende Häutungen (wie bei den Gliederfüßlern). Bei Häutungen wird das Körperwachstum innerhalb einer überproportioniert angelegten Schale maximal ausgenutzt. Anschließend verlässt das Tier seinen Schutzschild, von einer faltigen Haut überzogen. Das Tier bläst sich auf, die Haut glättet und verfestigt sich zu einem geräumigeren Panzer.

Beide Lösungen sind auf lange Sicht unbefriedigend. Umständlichkeit sowie zeitweilige Schutzlosigkeit von Arthropoden nehmen mit jeder Häutung zu. Die Außenschale von Muscheln, Schnecken und Kalmaren behindert Bewegungen. Die Oktopuse legen, nachdem sie in der Evolution eine bestimmte Körpergröße erreichen, endgültig die Panzerung ab. An einen großen weichen Kopf schließen sich acht lange ungeschützte

Arme an. Die aufgegebene Panzerung wird durch eine höhere Intelligenz, Geschmeidigkeit und Kraft ausgeglichen.

Wirbeltiere

Die Stagnation der gepanzerten Modelle erlaubt der bis dahin unscheinbaren Entwicklungslinie von Wirbeltieren den Rückstand aufzuholen. Dank dermalen Außenskelettanteilen wie Fischschuppen überstehen sie mehr schlecht als recht das vorausgegangene Wettrüsten und gehen nun in Führung. Das Innenskelett der Wirbeltiere ist vergleichsweise leicht. Seine gelenkig verbundenen Teile behindern weder die Bewegungen noch das Wachstum. Während des Schattendaseins wurden die Axialwirbelsäule, der Bewegungs- und Nervenapparat vervollkommnet. Beidseitige Symmetrie, Körpersegmentierung, ein zentrales Rückenmark und ein Gehirnganglion bilden von nun an den Grundriss aller Wirbeltiere.

Vor 400 Millionen Jahren bricht die Fischzeit an. Schon bald beherrschen verschiedene Fischgruppen alle Winkel des Ozeans. Aus ihrer Mitte differenzieren sich Giganten. Die Panzerfische werden über zehn Meter lang. Wie auch sonst oft, hätschelt das Schicksal die Falschen. Ob Kieferlose, Panzerfische, Knorpelfische oder Knochenfische – die Flossen der meisten Fische sind für eine Umwandlung zu Gliedmaßen ungeeignet. Längs der Körperachse zieht sich ein kräftiger basaler Strang und senkrecht zu ihm verlaufen parallele Flossenstrahlen. Diese Flossen können das Gewicht des Körpers an Land nicht tragen. Es gibt allerdings eine kleine Gruppe bodenständiger Fische, die gern im Schlamm wühlt, auf dem Bauch kriecht und daher eine andere Beschaffenheit von Flossen besitzt. D0ie zunächst unbedeutende Entwicklungslinie der Quastenflosser bringt Amphibien hervor. Vorausgegangen ist eine lange Entwicklung des Landlebens.

Landleben

Das Leben betritt erst das Land als es lernt, das Wasser mitzunehmen. Dies wird erst richtig möglich, als der Mehrzeller entsteht und speziellen Organe zur Gewinnung und Speicherung der Feuchtigkeit ausbildet.

Pflanzen

Während die Trilobiten den Meeresboden aufteilen, breiten sich Pflanzen in mehreren Wellen auf dem Festland aus. Vom Licht angezogen strecken sie sich immer weiter aus dem Wasser heraus, bis sie sich gänzlich darüber erheben und die Verwaltung der Feuchtigkeit dem Wurzelwerk und Leitgewebe überlassen.

Zunächst sind Sporenpflanzen im Aufschwung. Den Moosen folgen die Bärlappe, Schachtelhalme und Farne. Schon früh bilden sie die ersten Wälder. Die Fortpflanzung der Sporenbildner ist noch stark an Feuchtigkeit gebunden, womit die Nähe zum stehenden Wasser verständlich wird. Die Parasiten kommen der Entwicklung von Pflanzen nicht nach. Die überalterten Vegetationen werden nicht abgebaut und bleiben am Boden liegen. Die Gegend versumpft allmählich. Ast, Blatt und Stammreste bilden in den Sümpfen immer dickere Schichten. Aus diesen entsteht Steinkohle, nach der diese Zeit benannt wird (Karbon = Kohle/vor 340 Millionen Jahren). Zu den wichtigsten Arten karbonischer Wälder zählen fast 30 Meter hohe Bärlappe und Schachtelhalme. Die Farne, die schönste und formenreichste Pflanzenfamilie, sind von kleinen Gewächsen bis zu hohen Bäumen in den karbonischen Wäldern vertreten.

Insekten

In das versumpfte Festland dringen Schnecken und Gliederfüßler ein. Die Nachteile des Außenskeletts werden bei der Kolonisierung des Landes zum Vorteil. Bei Tieren mit Häutungen kann die Larve gleich nach der Umwandlung ein Erdenleben führen. Das Außenskelett der marinen Vorfahren ist für die

Fortbewegungen am Land einsetzbar und schützt gegen Austrocknung. Bald beherrschen Insekten die Erde und den Luftraum. Riesenspinnen und -skorpione jagen metergroße Tausendfüßler. Die Libelle Meganeura monyi erreicht eine Flügelspannweite von 70 cm.

Amphibien

Den Insekten folgen Amphibien auf das Festland. Amphibien wachsen im Wasser auf und leben auf dem Land. Der abrupte Wechsel der Lebensbedingungen erfordert zu Lebzeiten eine grundlegende Umwandlung des Körpers oder Metamorphose. Anders als bei Insekten, ist die Metamorphose von Amphibien einmalig und tritt weder davor noch danach in der Evolution der Wirbeltiere auf. Die Entwicklungsgeschichte der Wirbeltiere beinhaltet keine Larvenstadien oder sprunghafte Umwandlungen. Die Wirbeltiere müssen sich die Fähigkeit zur Metamorphose erst aneignen. Weder körperliche Voraussetzungen noch bisherige Gene der Wirbeltiere sind hierfür dienlich. Die Amphibien tun es dennoch erstaunlich schnell. Die Embryonen entwickeln sich im Wasser und betreten nach einer Körperumwandlung das Land. Die Lunge entsteht aus einer Ausstülpung der Speiseröhre. Nach dem Verschwinden der nutzlos gewordenen Kiemen verlieren sich Kiemenknochen und Kiemenbögen. Zwischen Schädel und Rumpf bildet sich ein freier Wirbelsäulenanteil – der Hals. Die Flossenbasis gliedert sich in eine Schulter- und eine Beckenzone. Die Flossenstrahlenzahl vermindert sich auf fünf. Der Schuppenpanzer bildet sich zurück und bleibt bei den meisten Panzerlurchen nur am Kopf und am Bauch erhalten. Ernstzunehmende Feinde fehlen vorerst. Die freiliegende Haut ergänzt die noch schwache Lunge durch Hautatmung.

Die Dachschädler leben in Sümpfen und an den Ufern der Gewässer, an die sie durch ihre embryonale Entwicklung gebunden sind. In dem Maße, wie die pflanzliche Fortpflanzung sich von den Gewässern löst und die Pflanzen in die Tiefe der Kontinente vordringen, löst sich auch die Fortpflanzung der Wirbeltiere von der Nähe des Wassers. Die Amphibien beginnen ihre Eier am Land abzulegen. Metamorphose wird überflüssig und in die embryonale Entwicklung verdrängt. Das Reptil entsteht. Sein Embryo ist durch Amnion (Wasserhülle) und Kalkschale vor dem Austrocknen geschützt. Der Körper erhebt sich über den Boden. Die Haut wird dick, wenn nötig gepanzert.

Reptilien

Das Rennen eröffnen säugetierähnliche Reptilien. Die Ähnlichkeiten mit den Säugern betreffen allerdings allein den Knochenbau: Zähne, Kiefer, Mittelohr und Teile des Skeletts. Ein Vertreter der ersten säugetierähnlichen Reptilien, das Dimetrodon wird etwa 3,5 Meter lang und wiegt 250 kg. Die Thecodontier, die Vorfahren der Dinosaurier, sind kleiner als ein Hund. Allerdings weisen sie einen Vorteil auf, sie sind auf dem Festland sehr flink, was sie unter anderem der Stellung ihrer Beine verdanken. Statt seitlich abgespreizt zu werden, befinden sich diese unter dem Körper und können später an Land das Körpergewicht von über einer Tonne tragen.
Schon bald verdrängen Dinosaurier die ersten säugetierähnlichen Linien und reißen fast alle Biotope einschließlich des Wassers und der Luft an sich. Es entwickeln sich die Ichtyosaurier und Pterosaurier. Die Echsen werden größenwahnsinnig und bleiben im Gigantismus bisher unübertroffen. Die Mosasaurier, die Vorfahren heute lebender Warane, erreichen eine Länge bis zu 15 Metern. Pterosaurier stützen sich im Flug auf eine Spannweite von elf Metern. Der aufrechte Tyrannosaurus rex schaut aus 6 Metern Höhe auf seine Umgebung. Der Seismosaurus ist 40 Meter lang und 20 Meter hoch. Der Vorsprung der Insekten ist endgültig hin. Pflanzen bewahren sie jedoch vor dem Untergang. Aus Feind wird Freund, die Pflanze übernimmt die Rolle des Auftraggebers und Gönners. Die Insekten erledigen die Aufgabe der Bestäubung. Die Blüten und Vermehrungsorgane der Bedecktsamer werden auf die Mitarbeit der Insekten abgestimmt, die sie durch viele Gefälligkeiten erkaufen. Die Ausbreitung der Bedecktsamer wird unabhängig von

Wasser und Wind. Diese können sich nunmehr in die trockenen Gegenden der Hochebenen und Steppen wagen. Den Pflanzen folgen rattenähnliche Säugetiere, die vor einer Trockenheit und Wetterschwankungen der Steppe besser geschützt sind, hierzu Gänge und Höhlen bauen. Auf der Höhe der Dinosaurierentwicklung kehren Bedecktsamer auch in feuchte Lebensräume zurück. Platane, Magnolie, Feigenbaum und Tulpenbaum sind aus dieser Zeit bekannt.

Die Umgestaltung der Pflanzenwelt fällt zeitlich mit dem Untergang der Dinosaurier zusammen. Innerhalb von einigen Millionen Jahren verschwinden fast alle Linien dieser Echsen. Die Vögel (einige von diesen sind 6 Meter groß) halten kurze Zeit die Stellung der Dinosaurier an Land und werden von Säugetieren abgelöst. Die Säugetiere besetzen alle von Dinosauriern ehemals an Land und im Wasser beanspruchten Lebensräume.

Der Glanz der einstigen Welt der Dinosaurier drängt die Frage auf – warum unterlagen sie? Warum konnten sie nicht ähnliche Entwicklungen einschlagen? Vieles spricht dafür, dass Säugetiere während der gesamten Zeit der Dinosaurierherrschaft neben diesen als winzige rattenähnliche Wesen vegetierten. Für einen Kampf oder Sieg der Säugetiere finden sich keine erdgeschichtlichen Hinweise. Verdanken wir unseren Aufstieg etwa einer Laune des Zufalls? Wohl kaum. Das Aufkommen, Ausbreiten, Aufblühen, der Gigantismus und schließlich der Untergang, Miniaturisierung und Verschwinden von Arten folgen Gesetzmäßigkeiten, deren Verständnis gar nicht so schwierig ist. Bedienen wir uns zur Erläuterung eines Experiments.

Arbeitsweise der Evolution

Man nehme eine Flasche Zuckersirup und tauche wenige Bakterien hinein. Stunden vergehen, ohne dass Sichtbares geschieht. Dann aber, innerhalb weniger Minuten, wird der Sirup trüb. Bakterien vermehren sich durch einfache Teilung. Tochterzellen übernehmen die Enzyme ihrer Mutterzelle. Diese Mitgift ist auf die bisherigen Lebensbedingungen abgestimmt. In einer neuen Umgebung sind Bakterien trotz eines reichen Nahrungsangebots hilflos, solange die Verdauungsenzyme nicht auf die neuen Energiequellen umgestellt sind. Die Umstellung erfordert Zeit und erklärt die Verzögerung des Wachstums einer Bakterienkultur nach dem Beimpfen des frischen Nährmediums. Sobald ein geeigneter Bauplan erreicht ist, brauchen die Bakterien nur noch zu ernten, zu wachsen und sich zu teilen. Die Zellzahl explodiert, – die Kultur wächst exponentiell.

Das exponentielle Wachstum ist kurz. Die hohe Bakteriendichte, steigende Konzentrationen an Abfall- und Stoffwechselprodukten bringen neue Probleme, lange bevor die Nahrung erschöpft ist. Die Vermehrung verlangsamt sich, die Bakterienkultur geht in eine stationäre Phase über. Gemessen an der Gesamtdauer der Vorgänge in einer Flüssigkultur währt dieses Stadium am längsten. Die Erntezeit ist vorüber, eine Umstellung der Enzyme gemäß den rasch wechselnden Bedingungen ist angezeigt. Trotz einer laufenden Anpassung verschlechtert sich die Lage fortwährend. Ist der Zeitpunkt erreicht, an dem die Umstellung keine Erleichterung mehr bietet, setzt das Aussterben ein. Erst zögerlich, dann immer schneller geht die Bakterienkultur ihrem Ende zu, wobei das Aussterben - wie einst die Vermehrung – stürmisch bzw. exponentiell verläuft und meist durch Mitwirkung von Pilzen, die sich der Bakterien bemächtigen, beschleunigt wird.

Die Geschichte des Erdenlebens besteht ebenfalls aus Abschnitten wie dem plötzlichen Auftreten, der Festigung und Ausbreitung von Arten, einer langen Zeit gleichbleibend hoher Vermehrung und schließlich dem Untergang.

Jede Epoche wird durch eine Entdeckung eingeleitet, die das Leben auf eine neue Grundlage stellt und dem Wachstum zusätzliche Entfaltungsräume eröffnet. Arten, die den Sprung wagen und schaffen, fallen in diese Räume wie Bakterien in einen Zuckersirup.

Die biologische Evolution unterscheidet sich etwas von unserem Versuch mit der beimpften Flasche. In der freien Natur an dem „Flaschenhals" unentdeckter Lebensräume befindet sich nicht eine einzige Art, sondern eine Vielzahl unterschiedlicher

65

Geschöpfe. Dennoch ist die Ereignisfolge sehr ähnlich, da die zuerst eintretenden Arten an den Eingängen einen Pfropfen bilden, der den anderen den Zutritt erschwert.

Einstieg

Ein brachliegendes Betätigungsfeld steht allen offen, solange niemand damit etwas anfangen kann. Wo das Interesse fehlt, fehlen Konkurrenten und Zäune. Reichlich vorhanden ist dagegen das Material und die Gelegenheiten für Versuche. Hinter den Versuchen der Nutzung stehen weder Druck noch Eile. Die Lebensgrundlage der beteiligten Lebewesen ist eine andere. Man ist auf den Ausgang der Experimente nicht angewiesen. Jedem neuen Abschnitt der Lebensgeschichte geht daher eine Zeit behaglicher Forschung voraus. Während der Forschungszeit werden mehrere abenteuerliche Lösungen ausprobiert, wobei Lebewesen unterschiedlichster Gattungen an dem Vorgang beteiligt sind und zur Verwertung jeweils andere Mittel einsetzen.

Gelingt dann einer Art der Vorsprung, so ist es mit dem Experimentieren vorbei. Da die Pioniere gleichermaßen die herkömmlichen und wie neu gewonnenen Fähigkeiten nutzen, breiten sie sich zunächst an den Übergängen zwischen den alten und den neuen Lebensräumen aus. Diese „In-besitznahme" schneidet das Unvollendete, im Prozess des Reifens Befindliche von den Zugängen zu den neuen Lebensräumen ab. Die Vielfalt der bis hierher entstandenen Modelle und Versuche, die der Nutzung neuer Lebensräume gewidmet waren, wird fallengelassen. Von nun an wird die Zukunft eine Weile einem Zweig gehören. Die anderen Arten kommen nur noch als dienliche Begleiter der Pionierarten in die neuen Lebensräume hinein.

Ausbreitung

Die kompromisslose Umstellung auf die neuen Lebensgrundlagen erlaubt eine exponentielle Vermehrung und Verbreitung im Neuland. Bei der Expansion wird die ursprüngliche Art mit einer Vielfalt an abweichenden Gegebenheiten konfrontiert.

Dabei zerfällt sie in Entwicklungslinien, die den örtlichen Bedingungen entsprechen. So entsteht im Verlauf der Differenzierung eine Vielzahl an Organismen, die von einem einzigen Bauplan abgeleitet sind und zu einer Familie gehören.
Der Überschwang des Wachstums führt die Abkömmlinge über die Grenzen neu erschlossener Lebensräume hinaus. Sie dringen in dicht besiedelte Gebiete ein, in denen weder ihre alten noch die neuen körperlichen Anlagen taugen, und treffen dort auf Einwohner, die an die lokalen Bedingungen optimal angepasst sind und eine ernsthafte Konkurrenz bilden. Das Kräfteverhältnis zwischen Alt und Neu ist allerdings ungleich. Während die ansässigen Arten auf ihre Nischen angewiesen und in Zahl und Größe reglementiert sind, sind Einwanderer frei beweglich, von den örtlichen Umständen unabhängig und befinden sich im fortgesetzten Wachstum. Sie betreten fremde Gebiete lediglich zur Erweiterung ihrer Lebensgrundlage. Am Anfang sind die Einwanderer den Eingeborenen weit unterlegen. Mehrere Kolonisierungswellen der Eindringlinge zerbrechen. Der fortwährende Nachschub führt dazu, dass die linkischen Kolonisten über die ansässigen, bestangepassten Arten auf Dauer im Vorteil sind. Die ungestümen Eindringlinge schmälern die Lebensgrundlage und verdrängen schließlich einheimische Arten ohne Ihnen überlegen zu sein. Infolge wird die gesamte Lebenswelt neugestaltet. Ein einziger Bauplan setzt sich in unterschiedlichsten Räumen durch.

Gigantomanie

Mit der Aufteilung der neuen und Umverteilung der alten Welt kommt die Vermehrung der Population ins Gleichwicht mit den Abgängen. Der draufgängerische, emsig erntende Typ der Anfänge wird unzeitgemäß. Ihn löst der starke, sich gegenüber den Anderen behauptende Typ ab. Das Wachstum verlangsamt sich. Unfähig in die Breite zu gehen, drängt die Vermehrung nunmehr in die Höhe. Die Sicherung eigener Territorialansprüche gewinnt Vorrang vor dem Fleiß. Es entstehen Giganten. Die Größe der Population und die Nachkommenzahl gehen zurück.

In diesem sich Ausstrecken schrumpft der Findervorteil. Das Pendel der Geschichte wird langsamer, wechselt dann die Richtung und schwingt fort in eine rätselhafte Ferne. Die Zeit ist reif für den Schlussakt.

Untergang

Es gibt zwei verschiedene Muster von Untergängen: ein langsames Dahinsiechen und Verschwinden von Linien im Hintergrund oder einen dramatischen Zusammenbruch vieler Linien eines Bauplans – ein so genanntes Vordergrundaussterben. Wir sind zu kurzlebig, um Augenzeugen entwicklungsgeschichtlicher Ereignisse zu werden. Die Wirtschaft bietet jedoch Beispiele gleicher Wesensart, die zur Illustration der Zusammenhänge herangezogen werden können.

Die Verbesserung der Schreibmaschine führt zur allmählichen Ablösung überholter Modelle. Die alten Geräte werden jedoch weiterhin genutzt, wenn auch nicht mehr erneuert. Sie sterben im Verborgenen aus. Eine schlechte Wirtschaftslage, Inflation und Kriege halten den Vorgang auf. Die Schreibmaschine als solche ist jedoch weder in der Rezession noch im Wachstumsschub ernsthaft bedroht. Man findet Sekretärinnen, die sich von ihrem ersten Gerät nicht trennen wollen, auf dieses schwören und mit Ehrfurcht behandeln. Die Entwicklung eines Computers wirkt sich anders aus. Von einem gewissen Reifezustand an verliert die Fortentwicklung einer Schreibmaschine jeden Sinn. Ein Vordergrundaussterben beginnt. Die alten Geräte werden nicht mehr durch bessere Schreibmaschinen, sondern durch noch unvollkommene, jedoch zukunftsträchtige Computer ersetzt. Die Schreibmaschinen sterben auf der Höhe ihres Erfolgs aus. Noch haben die Computer sie nicht abgelöst, noch gibt es nicht genug Computer. Doch die Zukunft hat plötzlich für Schreibmaschinen keinen Platz. Teurere und ausgefeilte Modelle können daran nichts ändern. Sie alle landen vorzeitig auf dem Müll ohne Nachfolger zu hinterlassen.

Schallplattenspieler, Kinofilme, Videogeräte, Fernseher ereilt das gleiche Schicksal wie die biologischen Arten. In wenigen

68

Jahrzehnten, werden viele dieser Gegenstände nicht mehr vorkommen. Man wird sich weder an die Umstände ihrer Entstehung noch des Verschwindens erinnern. Man wird nicht einmal wissen wovon man spricht. Die Menschheit wird jedoch andere Geräte hervorbringen, deren Aufkommen und Untergang zu Lebzeiten geschieht und stellvertretend für die Evolution der Arten ist.

Miniaturisierung

Alle Verbesserungen sind relativ. Die Einzelheiten müssen in das Gesamtkonzept störungsfrei hineinpassen. Erlaubt ein bestimmter Bauplan keine Umstellung, die von den konkurrierenden Bauplänen nicht schneller vorgenommen werden kann, so verliert dessen Fortentwicklung jeden Sinn. Der gesamte Lebenszweig stagniert, jedes Individuum ist betroffen. Der erreichte Bauplan ist jedoch weiterhin optimal an die Bedingungen angepasst, die Spezialisierung dessen Arten nimmt zu und hilft die einstige Stellung jenseits jeder Konkurrenz zu behalten. Der Zweig ist auf dem Weg Fossil zu werden. Ob der Vorgang gelingt, hängt von der Dynamik der Lebensräume ab.
Selbst die geringsten Perturbationen von Lebensbedingungen wirken bei einer Überspezialisierung desaströs. Dabei müssen die Vorkommnisse weder dramatisch noch global sein. Es genügt, wenn sie ein winziges Detail der ausgereizten Anpassung und des spezifischen Lebensstils betreffen. Sind die Veränderungen der Umwelt unumkehrbar, so verschwindet die Art.
Handelt es sich um Fluktuationen wie bei Jahreszeiten, so hängt der Ausgang davon ab, wie schnell die dezimierte Population sich vermehren kann, um die entstandenen Löcher auszufüllen. Die flinkeren Artgenossen mit kurzen Generationszeiten, geringerer Körpergröße und Entwicklungszeit gewinnen den Vorrang. Die Miniaturisierung und Vermassung setzen ein und werden fortgesetzt bis die hohen Geburtsraten die Abgänge kompensieren.
Nach Jahren im Meer kehren Lachse zu den Mündungen ihrer Heimatflüsse zurück und schwimmen flussaufwärts. In den

Gewässern ihrer Geburtsorte legen die Weibchen eine Laichgrube an, die Männchen bewachen den Vorgang und schützen
die Weibchen vor Rivalen. Schließlich schweben Männchen
und Weibchen Seite an Seite über die Laichgrube und geben
ihre Gameten ab. Die Alttiere sterben kurz darauf vor Erschöp-
fung. Wenige Monate nach dem Hochzeitstanz schlüpfen die
Jungfische. Je nach Art verbringen sie bis zu drei Jahre im
Süßwasser, bevor sie flussabwärts ins Meer, die Quelle der
körperlichen Größe und Kraft, wandern. Diese bekannte Schil-
derung (die in nahezu jedem Lexikon nachzulesen ist) wird
durch zwei alternative Strategien der Männchen vervollständigt:
Jacks und Parrs. Jacks kehren bereits nach einem Jahr im Meer
zu den Laichgruben zurück. Sie sind mittelgroß; ihr Gewicht ist
weniger als ein Drittel des Gewichts ausgewachsener Männchen. Frühreife Parrs verlassen nie ihr Fließgewässer. Verglichen mit normalen Männchen sind Parrs winzig, bei Rivalen-
kämpfen sind sie chancenlos. Jacks versuchen auf übliche Weise Weibchen zu verteidigen, wenn kein ausgewachsenes Männchen in der Nähe ist. Anderenfalls halten sie sich jenseits des
Bereiches auf, in dem ein Männchen angreift. Im entscheiden-
den Augenblick drängen Jacks sich in das Laichgeschehen ein
und setzen ihre eigenen Spermien frei; sie werden von den großen Männchen angegriffen und haben selten Erfolg. Frühreife
Parrs halten sich verdeckt. Beginnt das Ablaichen, schwimmen
sie in dem Strom aus Spermien und Eiern und sondern ihre
Gameten ab – möglichst unbemerkt von den sich paarenden
Fischen. Die Situation erinnert irgendwie an Zeiten von Rittern,
Burgen, Burgdamen, ihrem Hof aus Pagen, gastierenden Wan-
derrittern und Musikanten. Erstaunlich ist allerdings, dass man
bis vor kurzem von Jacks und Parrs nichts wusste. Heute besteht die männliche Population europäischer Flüsse zu 100
Prozent aus Parrs. In Amerika liegt der Anteil an Jacks unter
den Rückkehrern über 90%. Die Tendenz ist steigend. Eine
seltene Ausnahme wurde bei intensivem Fischen in wenigen
Generationen zur Regel. Die Art änderte Verhalten, Aussehen
und Gestalt schneller als die Eintragungen in der Enzyklopädie.

Seit dem Aufstieg von Reptilien und der Säugertiere gibt es für die Fische wie für die Insekten nur noch ein Ausweg: die Miniaturisierung und Massenhaftigkeit.

Die Abfolge

Jedes Versagen lässt sich detailliert erklären. Woher kommen aber die Günstlinge der Stunde? Wo steckten sie davor? Richtig neu sind die Emporkömmlinge nicht. Ihre Vorfahren bestanden die ganze Zeit, allerdings besetzten sie lediglich unbedeutende Nebenrollen. Warum mussten sie solange Misserfolge hinnehmen? Weil die Bedingungen, unter denen sie sich entfalten können, fehlten. Die Anfänge des Computers sind genauso alt wie die der Schreibmaschine. Schon Pascal baute im 16. Jahrhundert die ersten mechanischen Rechner. Die Herstellung eines Computers auf mechanischer Basis hätte jedoch das handwerkliche Geschick zu Beginn des Industriezeitalters völlig überfordert. Die Schreibmaschine war dagegen machbar und bot eine bezahlbare Zwischenlösung. Ihre Verbreitung trug wiederum maßgeblich zur Gestaltung einer Welt bei, in der die Wissenschaft Fuß fasste, in die die Elektronik Einzug hielt, und in der einst Unmögliches alltäglich wurde.

Es sieht nur so aus, als ob die Evolution durch Mächtiges und Gigantisches geprägt wird, das sich stolz im Rampenlicht bewegt. Das Zukunftsträchtige ist in der Regel unscheinbar. Das Vorrücken einer Gruppe von Organismen ebnet den Weg für Nachzügler, die von Tischkrümeln im Schatten fremder Herrlichkeit vegetierend an Umstände herangeführt werden, vor denen die einstigen Herrscher versagen, sie aber, ihre einzigartigen Vorteile offenbarend, aufblühen und spielend die Führung übernehmen. Das Vordergründige ist die Füllmasse der Zeit. Der Vorhang der Zukunft ist nie aufgezogen, und manch spektakulärer Aufstieg ist eine Abkürzung auf dem Wege zum Untergang.

Das Schicksal der Dinosaurier wirft die Frage auf: Wer kommt nach uns, da wir die bisher Letzten in der Reihe sind? Eins ist sicher, wenn etwas zum Ablösen kommt, dann auf jeden Fall das Bessere. Es muss allerdings niemand kommen. Grundlegende Eigenschaften sind dauerhaft. Alle heute lebende Organismen haben ähnlich aufgebaute DNA, stammen also von einem einzigen Vorfahren ab. Die Eukaryontenzelle entstand vor 1,8-1,5 Milliarden Jahren und blieb bis heute konkurrenzlos. Alle existierenden Mehrzeller sind ihre Abkömmlinge. Dabei ist die Eukaryontenzelle, wäre diese auf sich allein gestellt, nicht überlebensfähig. Die enorme Formenvielfalt der Mehrzeller besitzt eine sehr enge biochemische Grundlage. Die Mehrzeller sind z. B. unfähig, Stickstoff zu binden. Ohne Stickstoff gibt es keine Eiweiße. Ohne Eiweiße kein Leben. Alle Eukaryonten (Pflanzen und Tiere) sind auf Stickstoff bindende Bakterien angewiesen. Trotz dieser Verwundbarkeit, bleibt der Vorsprung der Eukaryonten unangefochten. Weist die Gattung Mensch etwas auf, das ihr eine einmalige Stellung verschafft?

Von den heute lebenden menschlichen Rassen gibt es keine, die das Geheimnis des Feuers nicht kennt. Weder Sprache noch übermäßige Intelligenz, sondern das Feuer trennt den Menschen vom Tier und gewährt ihm seine Überlegenheit. Die Unterhaltung des Feuers in Gemeinschaft, seine Anwendung zur Errichtung neuer Instrumente und Verhältnisse ist die Lebensgrundlage des Menschen. Die Zähmung des Feuers dauerte lange. Die Anfänge waren unbeholfen. Zwischen dem sich wärmen an den Brandstellen, die ein Blitz oder eine glühende Lava legten, bis zur dauernden Unterhaltung des Feuers und sogar Erzeugung des Feuers durch Reibung des Holzes oder Schläge auf den Feuerstein, vergingen mehrere Jahrtausende. Andere Tiere machten ebenfalls Erfahrungen mit der Wärme der Feuerstellen, wie einst der Urmensch. Es war nicht auszumachen, dass der Vorsprung gerade dem Menschen gelingt. Mit der Zähmung des Feuers brach jedoch endgültig die Zeit der Kultur an. Der Schritt ist grundlegend und (solange der Mensch das Feuer hütet) nicht nachvollziehbar. Die Zeit der Experimente an den wilden Feuerstellen ist unwiderruflich vorbei. Es gibt diese nicht mehr. Das Feuer auf der Erde ist von nun an im exklusiven Besitz der Menschheit. Die biologische Evolution ist in eine geistige übergegangen. Der Übergang war nicht abrupt. Er lässt sich über die gesamte Vorgeschichte verfolgen.

BUCH II

DER VERSTAND

GENESIS

Die Welt ist eine Einheit. Ihre Bestandteile bilden eine Gesamtheit und diese Gesamtheit wirkt auf die Einzelheiten zurück. Ändert sich das Ganze (z. B. ein Kraftfeld), so müssen sich die Einzelheiten der Änderung unterordnen, ändern sich die Einzelheiten, so bewirkt eine Verkettung der Ereignisse eine Änderung des Alls. Den Nachdruck, mit dem sich eine Veränderung durchsetzt, nennt man Energie. Energie ist zerstörerisch für das Bestehende. Alles Neue ist das vergehende Alte. Berge zerbröckeln, Sterne strahlen aus und kühlen ab, die intrastellaren Nebel verdichten sich zu Galaxien oder werden verweht. Der Schritt globaler Verhältnisse bestimmt die Richtung. Die Materie vor Ort leistet allen Neuerungen Widerstand, schleift sich dabei ab und zerfällt. Dann erscheint das Leben und reißt die gestalterische Initiative an sich. Eine Zuckerlösung fällt nach langem Stehen höchstens aus. Eine einzige bakterielle E. coli Zelle verwandelt diese in eine kompliziert zusammengesetzte Brühe, bringt organische Verbindungen hervor, die von allein nie entstehen würden, wie sehr man die Umstände auch variiert. Was befähigt dieses hierzu.

Autokatalyse

Katalysatoren beschleunigen bestimmte chemische Reaktionen ohne in diesen aufzugehen. In einem komplexen Umfeld erfolgt die Beschleunigung einer Reaktion auf Kosten anderer. Die Katalysatoren lenken somit Ereignisse vor Ort in eine andere Richtung, als es die globalen Umstände tun. Der „Eigensinn" des Katalysators ist geliehen, denn der Katalysator selbst wurde von den Umständen erschaffen. Er ist darüber hinaus zeitlich wie alles Stoffliche. Strahlen, thermodynamische Bewegungen zerstören allmählich das katalytische Molekül und beenden den

Vorgang. Entsteht infolge einer Katalyse der Katalysator selbst, so handelt es sich um eine Autokatalyse. Die Autokatalyse entzieht sich den Umständen und trotzt darüber hinaus der Zeit. Sie erneuert ihre Vorlagen schneller als diese unter der Umwelteinwirkung altern.

Das Leben ist seinem Grundprinzip nach ebenfalls eine dem Tode, der Zerstörung vorauseilende Autokatalyse. Ausgehend von der Kodierung eines DNA-Strangs errichtet es Eiweiße, Enzyme, Zellen und Organe, um mit ihrer Hilfe nach zahlreichen Zwischenstufen einen weiteren DNA-Strang herzustellen und einen neuen Zyklus zu beginnen.

Lebenssicherung

Jedes heutige Lebewesen ist ein Resultat und eine Fortsetzung eines ununterbrochenen, 4-6 Milliarden Jahre langen Vorgangs. Die Autokatalysen, die wir aus dem Chemieunterricht kennen, dauern je nach der Größe des Reagenzglases wenige Stunden bis Tage. Der Mangel an Reagenzsubstanzen terminiert die Reaktion. Zur Geburt des Lebens war es anders. Die Erde war eine riesige, unberührte Retorte. Ozeane und zahlreiche Seen boten reichlich Platz für anhaltende autokatalytische Experimente. Aber auch dieser Raum würde niemals ausreichen, um eine ununterbrochene Autokatalyse über Millionen von Jahren zu gewähren, wäre diese gleichgeblieben. Es müsste etwas anderes hinzukommen, damit eine Autokatalyse zum Lebewesen wird.

Seen entstehen und trocknen aus. Der Zufall zerstreut die dort entstandenen vermehrungsfähigen Moleküle in alle Winde, biegt und beugt sie. Dabei erscheinen neuartige Substanzen, welche zum Beispiel ergänzende autokatalytische und katalytische Eigenschaften räumlich vereinen. Verändern die katalytischen Reaktionen eines solchen komplexen Gemisches die Umgebung in einer Weise, die eine Autokatalyse dort ermöglicht, wo die Initialbedingungen ungeeignet waren, so wird der Bereich, in dem Autokatalyse ablaufen kann, ausgeweitet und die erste Hürde auf dem Weg zur Entwicklung des Lebens genommen. Die Autokatalyse, die nicht geradeaus laufen kann, errichtet zunächst Bedingungen, in denen später eine autokatalytische Entfaltung stattfindet.

Je höher man sich auf der Evolutionsleiter begibt, desto größer der Aufwand der Vorbereitung und Sicherung. Das Leben legt sich eine Hülle und Organe zu, es rennt, erhascht und wehrt sich. Das ursprüngliche Anliegen tritt hinter diese wegbereitenden Maßnahmen zurück und so sind wir von der Körperkraft, Geschmeidigkeit, Krallen und Zähnen eines Tigers beeindruckt und nicht von der unsichtbaren DNA, die alle diese Attribute der Macht hervorbringt, indem sie eigentlich nichts anderes tut, als sich autokatalytisch zu vermehren.

Sinn

Belustigt betrachten wir ein tanzendes mechanisches Spielzeug. Es bewegt sich drollig, rollt mit den Augen, spricht. Dennoch erliegen wir zu keinem Augenblick der Täuschung, es wäre ein Lebewesen. Der Grund hierfür ist nicht die Beschaffenheit der Puppe. Unser Körper, obwohl lebendig, ist komplett aus totem Stoff gebaut. Kollagen, Keratin, Eiweiße, Fette, Hormone, Kohlenhydrate und selbst Nukleinsäuren – alle Werkzeuge und Bausteine des Lebens sind unbelebt. Bezeichnend für das Leben ist nicht die Zusammensetzung, sondern die Fähigkeit, sich unter unterschiedlichen Bedingungen zu behaupten und jeweils das Sinnvolle zu tun.

Entscheidungsfähigkeit

Betrachtet man die Werke der menschlichen Kultur, so lässt sich die Vernunft nicht leugnen, sie ist real und unverkennbar. Schwieriger wird es, wenn es um die Beurteilung der Tiere geht. Die Überheblichkeit weigert sich dem Hund, geschweige denn dem Bakterium, ähnliche Eigenschaften wie dem Homo sapiens zuzugestehen. Dennoch bilden Virus, Bakterium, Pantoffeltierchen, Tier und Mensch Stufen ein und desselben Vorgangs. Nirgendwo in der Evolution ist ein Umbruch, ein

Sprung, eine Initiation zu merken, wohl aber ein allmählicher Übergang vom Niederen zum Höheren, vom „unvernünftigen" Bakterium zum „vernunftbegabten" Menschen. Nur wann und wie kommt Vernunft in diese Reihenfolge? Und was ist Vernunft?

Vernunft ist die Tragweite der Entscheidungen, zu denen das Leben fähig ist. So definiert, fällt es leicht, die Anfänge der Vernunft in den primitivsten Lebewesen zu erkennen. Die erste Schaltstelle, die dem autokatalytischen Streben die Entscheidung überlässt und vom Wachstum belohnt wird, ist der Grundstein der Vernunft und der Erfahrungsbildung.

Eine Situation mag anlocken, bedeutet aber den sicheren Tod. Eine andere ähnelt einer freiwilligen Verbannung und wendet Unglück ab. Erfahrung ist die vorausschauende Kraft des Rückblicks: der Verzicht auf das Augenblickliche zugunsten des Künftigen, das Ergreifen einer unscheinbaren jedoch weiterführenden Gelegenheit zwischen aufdringlichen Verlockungen.

Unentschlossenheit

Mit der Entscheidungsfähigkeit entsteht ein neues Phänomen, die Unentschlossenheit. Solange das Gegebene keine Gelegenheiten bietet ist ein Beharren und ein geduldiges Warten das einzig Richtige. Eine ausstehende Entscheidung blockiert die Handlungen und das Wachstum. Das Anhalten der Entfaltung ist unangenehm und äußert sich in Unruhe, Unsicherheit und Unzufriedenheit die den Entscheidungsvorgang begleiten.

Der Wille

Der Wille besteht im Treffen von Entscheidungen ausgehend von der individuellen Erfahrung und im Beharren auf den getroffenen Entscheidungen bis zu ihrer Durchsetzung. Je bedeutender der Lernvorgang im individuellen Leben des Lebewesens, desto größer die Rolle des Willens.

Triebe

Triebe sind aus ehemaligen Entscheidungen entstandene Handlungsautomatismen, die sich als nützlich erweisen und in den Besonderheiten des Verhaltens und der körperlichen Struktur festgehalten werden. Triebe nehmen die Kontrollfunktionen in Routinefällen ab und setzten somit die Entscheidungsfähigkeit für andere Aufgaben frei.

Erfahrungsbildung

Das Leben verdankt vieles dem Zufall und schuldet ihm nichts. Millionen Zufälle waren erforderlich, ehe aus einem spitzen Stein ein Steinbeil und dann die Axt wurde. Doch weder Form noch Beschaffenheit der Axt sind zufällig. Kein Umstand vermag der Axt die Gestalt einer Geige aufzuzwingen. Der Zufall ist nicht zielgerichtet. Nach einigem Hin und Her setzt sich immer der globale Zusammenhang des Naturgesetzes durch. Gestaltend ist dagegen das Streben, das nach der Gelegenheit ausschaut, diese unter Tausenden von Zufällen auswählt, nutzt und dank Vermehrung summierend zu einer Erfahrung und einem Werkzeug formt. Ob dieses Werkzeug ein Bestandteil des Körpers ist oder in der Hand liegt, ist nebensächlich. Die Entwicklungsgeschichte menschlicher Werkzeuge ist ein Bestandteil der organischen Evolution und folgt gleichen Gesetzen.

Aus einem zackigen Tierknochen oder einem flachen Stein entstehen eine Säge, Nadel, Ahle, ein Messer, Schaber, Schwert (die Ahle ist inzwischen fast ausgestorben, wie viele andere verwandte Instrumente, deren Namen wir nicht mehr kennen). Die Säge wiederum differenziert sich weiter zu einer Baumsäge, Bügelsäge, Feinsäge, Furniersäge, Gestellspannsäge, Rücksäge, Stichsäge, Nestsäge, Pucksäge, Fliesensäge, dem Laubsägebogen und dem Fuchsschwanz. Das Zeitalter der Mechanisierung bringt weitere Abwandlungen wie die Kreissäge, Stich- und Pendelsäge, Blattsäge und Kettensäge mit sich. Der Computer ersetzt alle Entwicklungen durch eine universelle Zuschnittanlage.

Während die kumulierte Erfahrung eines Fuchsschwanzes in der Hand des Handelnden liegt und durch die Beschaffenheit des Handgriffs, des Sägeblattes und der Sägezähne verkörpert wird, liegt die Erfahrung einer Schnittanlage in dem Programm einer winzigen Steuereinheit eines Computerchips. Diese stellt aus einfachen Bewegungen komplexe Verfahren zusammen. Auf dem Weg vom spitzen Stein zu einer computergesteuerten Schnittanlage nimmt die Rolle des rein Stofflichen und des Speziellen ab, die Bedeutung der Steuerung und Vereinheitlichung steigt. Genau die gleiche Tendenz ist in der organischen Evolution erkennbar.

Gene

Die ersten Erfahrungen der lebendigen Evolution sind untrennbar von den Werkzeugen, sie sind ein körperlicher Bestandteil ihrer Form und Struktur. Dies erweist sich auf die Dauer als hinderlich. Die Wirklichkeit ändert sich ununterbrochen. Werkzeuge, gestern lebenswichtig, können im nächsten Augenblick überflüssig und störend sein. Trennt man sich von diesen, ist man zuerst erleichtert, jedoch beim erneuten Auftreten alter Umstände im Nachteil. Das Leben findet eine elegante Lösung. Körperlichkeit, die selten betätigt wird, dann aber unverzichtbar ist, wird bis zur Herstellungsanweisung abgespeckt. Der Organismus geht den nächsten Bedürfnissen nach, ohne sein gesamtes Arsenal mitzuschleppen, errichtet aber die fehlenden Werkzeuge nach einem vorgefertigten Plan, wenn die Situation es erfordert. Neben einer unmittelbar verfügbaren Erfahrung, die jederzeit tätig umgesetzt werden kann, entsteht eine genetische Erfahrung, die zunächst unsichtbar ist und vor dem Gebrauch realisiert werden muss. Sie wird durch das Aufkommen einer besonderen Klasse an autokatalytischen Molekülen – den Nukleinsäuren ermöglicht. Die Nukleinsäuren erlauben es, Information (geordnete Anweisungen an bestimmte Werkzeuge) in der Abfolge von Nukleotiden zu speichern.

Die aufbewahrende Erfahrung ist zunächst unsichtbar. Sie schlummert verschlüsselt in den Nukleinsäuren einer Bibliothek des Genoms. Tritt eine Situation ein, die mit den gegebenen Mitteln nicht zu bewältigen ist, wird die genetische Erfahrung aktiviert.

Der Aufbau fehlender Werkzeuge erfolgt auf Kosten anderer lebenswichtiger Prozesse. Vor der Fertigstellung sind diese Werkzeuge unbrauchbar. Damit die Herstellung dennoch reibungslos verläuft, muss die verschlüsselte Erfahrung sich diktatorisch zeigen, bis die Vorteile einer neuen Ausrüstung sichtbar werden, bis die „Entscheidungsfähigkeit" wieder einen Sinn hat. So entsteht der falsche Eindruck: „Gene bestimmen alles".

Linearer Ausbau

Ursprünglich erfolgt die Weitergabe der Erfahrung unmittelbar von dem Mutter- auf den Tochterorganismus. Die vorteilhaften Entscheidungen werden dank besserer Vermehrung schneller kumuliert und verbreitet. Beim Mehrzeller lässt sich die direkte Weitergabe erworbener Eigenschaften nicht mehr zur Erfahrungsbildung und Ausbreitung nutzen. Eine fortgeschrittene Arbeitsteilung innerhalb eines organisch wachsenden Zellverbandes verbietet eine unkontrollierte Vermehrung. Eine bessere Körperzelle darf nicht schneller als erforderlich wachsen, sie würde sonst den Organismus wie ein Krebsgeschwür zerstören, und sie darf nicht den ihre Vermehrung regulierenden Verband verlassen, um die eigenen Nachkommen zu hinterlassen. Eine merkwürdige Situation bahnt sich an. Das Leben eines Mehrzellers spielt sich in den Körperzellen ab. Die Körperzellen sind jedoch von der Fortpflanzung ausgeschlossen. Nur Keimzellen dürfen ihre Genen und Strukturen vererben. Ob die Modifikationen von Samenzellen gut oder schlecht sind, zeigt sich jedoch erst nach der Neuzeugung, zu einem Zeitpunkt, wo die Lebensfähigkeit des Verbands keinen Einfluss auf die Zusammensetzung eigener Keimzellen hat. Die erworbenen Erfahrungen der Körperzellen verlieren somit im Hinblick auf die Fortpflanzung der Keimzellen jegliche Bedeutung. Dies ist der Grund warum der Mehrzeller so spät in der Evolution auftritt. Zwar bilden die ersten Bakterien sehr früh Verbände (die Vorteile der Kooperation sind zu offensichtlich), eine Entwicklung zum Mehrzeller findet jedoch in den ersten 3 Milliarden Jahren nicht statt. Es wäre auch niemals zum Mehrzeller gekommen, hätte das Leben nicht Wege gefunden, den Lebensinhalt „sterblicher" somatischer Zellen fortzupflanzen. Das Mittel hierfür heißt sexuelle Vermehrung und die damit verbundene vernetzte Erfahrungsbildung.

Vernetzter Ausbau

Die sexuelle Vermehrung lässt sich im Grundriss folgendermaßen beschreiben. Statt ihre eigenen Gene zu verdoppeln und sich anschließend zu teilen, wie es bei asexueller Vermehrung üblich ist, vereinen sich zwei verwandte, jedoch nicht identische Zellen zu einer einzigen Zelle oder Zygote. Die Gene beider sexuellen Partner werden bei dieser Vereinigung zusammengelegt, wodurch ihr Genpool erheblich erweitert, gemischt und zu einem neuartigen Gensatz zusammengesetzt wird. In weiteren „asexuellen" Teilungen kann die neuartige Gen-anordnung zeigen, wozu diese fähig ist. Die Vereinigung zweier Gensätze zu einer Zygote oder Kreuzung dient somit nicht der Vermehrung, sondern der Schöpfung neuer und der Erweiterung bestehender Eigenschaften. Die anschließende Einteilung in Gameten mit einfachem Gensatz ermöglicht die Wiederholung des Vorgangs mit jeweils anderen Teilnehmern und unter Einbeziehung jeweils breiterer genetischer Information. Damit die Vereinigung von Gameten tatsächlich eine Befruchtung bzw. Erweiterung des Genpools und nicht bloß eine Verdopplung bewirkt, wird Vorsorge getroffen. Die Einteilung in Geschlechter verhindert, dass sich Zellen gleicher Abstammung kreuzen und zwingt sie dazu, ein Gegengeschlecht zu suchen. Die Befruchtung wird zur Pflicht der Fortpflanzung.
Die Auswirkungen der sexuellen Vermehrung gehen weit über die Vergrößerung der genetischen Basis hinaus. Jedes Individuum übernimmt zur Hälfte die Gene seiner Eltern. Die Eltern waren ihrerseits aus „Hälften" ihrer Großeltern zusammengesetzt. Das Individuum ist nicht mehr die Fortsetzung einer linea-

ren Fortpflanzungsreihe, sondern die Frucht eines Geflechtes von mannigfaltigen Verwandtschaftsbeziehungen. Zwar nehmen bei der sexuellen Vermehrung nur Keimzellen an der Fortpflanzung teil, den Körperzellen obliegt jedoch eine weit wichtigere Aufgabe, die Gestaltung künftiger Generationen. Die sexuellen Organismen sind nicht mehr auf die Gnade der Mutation angewiesen. Ihnen stehen nicht nur die wenigen Kombinationen der eigenen Genome zur Auswahl. Sie verfügen über die Vielfalt der Eigenschaften aller Angehörigen einer Art. Diese Eigenschaften können in Kreuzungen vielfältig genutzt und zielstrebig zu künftigen Generationen zusammengestellt werden. Die sexuelle Vermehrung ist der erste breit angelegte Versuch der gestalterischen Genetik. Die individuellen Besonderheiten aus verschiedenen Landstrichen werden in Nachkommen zueinander gebracht, angeführt von dem Erfolg, dessen Grundstein sie legten.

Sexuelle Vermehrung ermöglicht eine stürmische Entwicklung vom Wurm bis zum Menschen ohne den blutigen Zoll kostspieliger Aussonderungen. Die Entscheidung darüber, was das Bessere ist, erfolgt bei der sexuellen Art nicht durch blinden Versuch und nachträgliche Aussonderung, nicht durch ein sinnloses Vergeuden von Ressourcen und Anhäufung missratener Leben, sondern durch eine der Zukunft vorgreifende Partnerwahl. Blindgänger bleiben trotz wachsender Komplexität und Körpergröße selten und die Evolution wird mit ihrem Fortgang nicht langsamer, sondern schneller.

Außergenetische Erfahrung

Die sexuelle Vermehrung ermöglicht den Mehrzeller. Die mehrzellige Organisation regelt das Zusammenspiel des Organismus und seiner Gene neu.

Innerhalb des Verbandes erfüllt jede Zelle ihre eigene Rolle. Gene hierfür liegen auf verschiedenen Abschnitten des Genoms. Wenn es einem Bakterium noch genügt, die vorhandenen Gene der Reihe nach abzulesen, um das passende für die jeweilige Situation zu finden, kommt so eine lineare Entschlüsselung beim Mehrzeller nicht mehr in Frage. Einzelne Zellen aktivieren völlig verschiedene Gene zu unterschiedlichen Zeiten. Das Gen wird aus einem Glied der Befehlskette zu einem Mosaiksteinchen, zu einer von vielen Möglichkeiten, welche die Zelle des Verbandes je nach Lage und Bedarf aus dem Genom herausholt. Den Leserahmen der Genaktivierungen bestimmt nicht mehr die Anordnung von Genen im Genom sondern der Werde- und Reifevorgang. Das Gen ergibt keinen Sinn und bleibt stumm, bis der bestimmte Entwicklungszustand erreicht ist. So werden neben dem Genom weitere Informations- bzw. Erfahrungsträger bedeutsam: die mehrzellige Architektur, das Endokrine- und Nervensystem, die Wahrnehmung, das Gehirn, welche die Aktivierung einzelner Gene steuern und über den Erfolg der Durchsetzung in der Lebensgemeinschaft gestalten.

Mitteilung und deren Deutung

Die Zusammenarbeit von Zellen in einem Mehrzeller beruht auf der Produktion, Übermittlung und richtigen Auslegung von Mitteilungen.

Je nach ihrem augenblicklichen Zustand produzieren Zellen die Botenstoffe: Hormone, Mediatoren, Nervenimpulse, die an die anderen Teilnehmer des Zellverbandes gerichtet sind. Die angestrebten Folgen der jeweiligen Mitteilung sind deren Inhalt. Der Stoff ist ein Träger der Mitteilung. Die Botenstoffe sind keine cartesianischen Hebel, sie wirken im eigentlichen Sinne weder chemisch noch physikalisch, obwohl diese Eigenschaften besonders zu Beginn der Evolution vielfältig genutzt werden. Botenstoffe sind Ampeln für zelluläre Reaktionen und Genaktivierungen der Empfängerzellen.

Die ersten Mitteilungen gingen von einzelnen Zellen aus. Diese Funktion wurde mit dem Fortschritt der Evolution auf die Organ- und Organismusebene verlagert. Sinnesorgane verarbeiten die Mitteilungen einzelner Zellen zu zusammenfassenden Berichten der Wahrnehmungen. Die Analyseorgane, wie z. B. Gehirn und endokrine Drüsen, machen daraus Handlungs- und Wachstumsanweisungen.

Erziehung

Erziehung tritt in der Evolution zunächst als Brut- und Kinderpflege auf. Erziehung überträgt Erfahrungen der Eltern auf die Nachkommen. Die Inhalte können gezielter angeeignet und weitergereicht werden. Ihr Erfolg jedoch gestaltet im nachhinein die Erbmasse maßgeblich und untermauert die jeweiligen Errungenschaften. Die Ausdehnung der Erziehung über die Brutzeit hinaus und die Erweiterung des Teilnehmerkreises macht aus der Brut- und Kinderpflege die Kultur. Der erste kulturelle Erfahrungsträger ist das Ritual. Die Teilnahme verschiedener Altersgruppen an rituellen Handlungen sichert den Fortbestand ihrer Inhalte über den Generationswechsel hinaus. Das Ritual muss sich, um als Speicher zu dienen, gegen alles wenden, was seinen Ablauf stört.

Das Geistige

Während das Ritual penibel die Details vorschreibt, lebt die Deutung von selbst gewählten Vorbildern. Die Kunst, die Schrift – das gedruckte Buch, Theater, Radio, der Film, zuletzt der Computer befreien den Inhalt einer Mitteilung aus den rituellen Fesseln. Gedanken lösen sich von den sie erschaffenden Menschen. Sie wandern durch die Kulturlandschaft und suchen selbst Orte, an denen sie sich niederlassen und Köpfe, die sie begierig aufnehmen. Die Bande eines Stammes, eines Volkes, der Haut- und Augenfarbe verlieren an Kraft angesichts der Verwandtschaft im Geist.
Die Verbreitung der Inhalte über Zeiten und Kontinente ohne Druck oder persönliche Anwesenheit hat neben der mechanischen Folgsamkeit eine betrachtende, schätzende und richtende Innerlichkeit großgezogen. Die Innerlichkeit ist ein Sichtkreis, der – durch viele freiwillig vermittelt – zur Erhellung des eigenen Werdegangs dient und zugleich alle einschließt, die ihn erweitern. In diesem Reich des Vorstellbaren kann der Mensch kühne Pläne schmieden und Lösungen aufspüren, sich mit Sok-

rates und Kopernikus wie mit Seinesgleichen unterhalten und ihnen im Nichts nachstehen. Die Wahrheit wird wichtiger als die Geltung. Sie allein beweist, dass man tatsächlich etwas vollbracht hat. Wiederum allein durch den Reichtum des Machbaren erzielt die Mitteilung ihre wegweisende und ansteckende Wirkung.

BUCH III

DAS DENKBARE

Die Physik hat unsere Weltauffassung nachhaltig verändert. Nirgendwo ist man mit dem Sichtbaren zufrieden. Man durchdringt den Schein, findet dahinter Protonen, Positronen, Gammastrahlen und elektromagnetische Felder. Nichts entgeht dem forschenden Blick, doch bei der Vernunft macht man Halt. Die Vernunft lässt sich in dem neuen Gefüge nicht erkennen und führt in den Umfragebögen der Psychologie ein Aschenputteldasein. Man kann die Vernunft weder wiegen noch messen. Sie lässt sich nicht fühlen, formen, mit der Zange fassen. Wenn schon! Jede Kraft wird an ihrer Wirkung sichtbar. Die Vernunft ist real und gleich dem Licht, der Elektrizität und der Schwerkraft spürbar an dem, was sie bewegt.

Reflex

Auf einem Spaziergang im Park trat Descartes unversehens auf einen im Gras verborgenen Hebel. Im gleichen Augenblick sprudelten Springbrunnen zwischen Bäumen und Büschen. Die Wasserspiele sollten den König und seine Gäste entzücken. Der Architekt hatte weder Kosten noch Mühen gescheut. Von der Lebendigkeit des Schauspiels beeindruckt, kam der Philosoph auf die Idee eines Reflexes. Er erkannte in einer Handlung die Antwort auf einen Reiz und stellte in Gedanken leicht aus wenigen einfachen Reizantwortpaaren ein komplexes Verhalten zusammen. Descartes setzte darauf die Handlung einer Reaktion gleich. Als der berechtigte Einwand kam: Wo bleibt dann die Freiheit des Willens? – ging er einen Schritt weiter und verneinte diese. Der Mensch ist nicht frei, er dünkt sich höchstens so – meinte Descartes. Er führt zwar die Handlungen bewusst aus, kennt jedoch deren Ursachen nicht. Er wird gelenkt, ohne es zu bemerken. Äußere Ereignisse greifen in den Ablauf organischer Prozesse ein und täuschen freiwilliges Verhalten vor, wo Automatismen, vom Knopfdruck der Reize ausgelöst, vorliegen. Die Freiheit wurde hiermit zum Nichtwissen der uns lenkenden Zwänge.

Merkwürdig, dass jemand die Willensfreiheit ernsthaft anzweifelt, wo doch die Zweifel daran ein eindeutiger Ausdruck dieser Freiheit sind. Falsch oder richtig, der Gedanke trug Früchte. Kurz nachdem der Reflexbogen anatomisch und physiologisch beschrieben wurde, erreichte die Neurophysiologie und Neuroanatomie ihre Blüte. Man erweiterte den Reflex um Adjektive wie bedingt und unbedingt, schloss den Reflexbogen zu einem Regelkreis. Man schritt unbeirrt vom Reiz zum Rezeptor, von diesem zu Membranen, dann über Leitwege, Kanäle zu Genaktivierungen und biochemischen Ketten. Das Ziel aber rückte in weite Ferne, kaum dass man sich ihm zu nähern glaubte. Der Grund ist einfach. Die Reaktion auf einen Reiz genügt nicht, um eine Handlung zu erfassen, auch ein Presslufthammer antwortet mit stoßartigen Bewegungen auf Gegendruck, die Handlung muss darüber hinaus einen Sinn haben. In welcher Beziehung stehen also Reiz und Reaktion?

Reiz und Reaktion

Angenommen die Reaktion X ist in der Nacht vorteilhaft, am Tage aber schädlich, weil sie unter Lichteinwirkung zur Bildung giftiger Sauerstoffradikale führt. Lebensformen, die auf die Reaktion X angewiesen sind, dürfen die Dunkelheit nie verlassen, es sei denn, sie können das Licht erkennen und die verhängnisvolle Reaktion vorübergehend aussetzen. Wie erkennt man aber todbringende Ereignisse und was nutzt eine Erkenntnis im Sterben? Die Aufgabe erscheint schwerer als sie ist. Das Aufprallen ist dem Erkennen zuwider. Erkennen ist vor allem Vorausschauen. Und die Voraussicht bedient sich lieber Vorboten statt unverhofften Begegnungen.

Licht ist ein Bestandteil des Tages, nicht der einzige. Umgebungstemperatur, pH-Werte, Konzentrationen verschiedener Stoffe ändern sich ebenfalls mit Tagesanbruch. Ein autokatalytischer Keim, dessen Reaktion-X zum Ablauf einen bestimmten pH-Wert benötigt und daher bei Tagesanbruch abbricht, hat die Erkenntnisaufgabe erfolgreich gelöst. Der pH-Wert wird zum Reiz und verschmilzt mit der Reaktion zu einem unbedingten Reflex. Diese Verknüpfung räumt selbst dem einfachsten Molekül ein bescheidenes, auf die Belange seiner Handlungsfähigkeit zugeschnittenes Erkenntnisvermögen ein. Bedeutsam fürs Erkennen ist nicht die Situation, sondern das in der Situation sinnvoll Machbare. Die Vielfalt der Wirklichkeit ist belanglos, wenn die eigene Ausstattung nur wenige Reaktionen zulässt.

Einige Milliarden Jahre später bemerkt ein Forscher bei einer Zellkultur, dass ein bestimmter pH-Wert die Reaktion-X dieser Zellen hemmt. Das Licht, das der pH-Wert angekündigt hat und der Zweck der Bindung der Reaktion an die pH-Veränderung bleiben dem Wissenschaftler verborgen. Diese sind in den aktuellen Versuch nicht einbezogen. Der Forscher glaubt, in Unkenntnis der Vorgeschichte, eine Ursache der Reaktion zu finden. Aus dem bescheidenen Erfolg schöpft er leichtsinnig Hoffnung, irgendwann alle Hebel aufzudecken, mit denen die Lebensmaschine gelenkt wird. Der Irrtum ist offensichtlich. Das Leben wird nicht von der Wirklichkeit gelenkt, es schlängelt sich durch diese hindurch. Es stützt sich zwar auf Reize, verfolgt jedoch seine eigenen Ziele. Descartes irrte. Reize sind keine Hebel, sondern Aufmunterungen zur Handlung.

Bedingte und unbedingte Reflexe

Es ist nicht üblich, physiologische Körpervorgänge und Verhalten, Reaktion und Handlung gleichzusetzen. Schließlich ist eine Handlung frei, während ein Reflex oder eine Reaktion gefügig dem Reiz folgt. Der Gegensatz ist scheinbar, der Unterschied graduell und jede „unbedingte" Reaktion ist ein Baustein des freien Willens. Nicht die physiko-chemischen Eigenschaften machen den Reflex bedingt oder unbedingt, sondern der Abstand von dem angekündigten Ereignis, die Zuverlässigkeit der Ankündigung und die Bedeutung des Ereignisses für die Selbstverwirklichung. Das kaum wahrnehmbare Geräusch eines Astes, der unter der schweren Tigertatze bricht, der mit dem

Windstoß gebrachte Geruch des Raubtieres, dringen gewaltsamer in die Wahrnehmung eines weidenden Huftieres ein, als die tiefen Wunden, die eine Dornenhecke in sein Fleisch reißt, während es in Panik flieht. Die Furcht vor vermeintlicher Gefahr unterdrückt die unbedingten Reflexe des überaus realen Schmerzes.

Erfahrung

Erfahrung ist eine den Symbolen der Außenwelt zugeordnete Handlungsbereitschaft. Je öfter ein Weg mit Erfolg beschritten wird, desto größer die Neigung, seinen Wegweisern zu folgen. Bei diesem wiederkehrenden Durchgang bekommen Reize einen Selbstverwirklichungswert, der ihre Botschaft gleichgültig, gefährlich, begehrenswert oder imperativ erscheinen lässt. Das Leben zerlegt die Wirklichkeit in Gut und Böse. Indem das Leben, sich auf die Reize stützend, das Gute anstrebt und das Böse meidet, befreit es sich von den unmittelbaren Nöten der Wirklichkeit, weicht den unliebsamen Ereignissen im Vorfeld aus, strebt das Gewünschte an und macht jeweils das Beste aus der Situation. Wissen ist Freiheit.

Organ

Erfahrung ist ein Instrument der organischen Gestaltung. Eigenheiten, die eine Handlung stützen: eine bei einem bestimmten pH-Wert abbrechende Reaktion, eine Lipidschicht oder Kalkablagerungen, werden in der Evolution zum Organ vervollkommnet und zum Bestandteil des Körpers gemacht. Wir glauben unseren Körper gegenständlich, aus Sehnen, Knochen, Muskeln zusammengesetzt. Er ist eine zu Zweckvorrichtungen verdichtete Erfahrung der Evolutionsgeschichte.

Instinkt

Sehen wir einem Falter bei wiederholten Anflügen auf eine Laterne zu, beobachten wir, wie eine Biene ratlos summend die undurchdringliche Klarheit des Fensterglases anstürmt, so überkommen uns Zweifel an der Vernunft der Tiere, und wir neigen genau wie einst Descartes dazu, Tiere für Maschinen zu halten. Schließlich folgen sie dem Instinkt, wie Automaten ihrem Programm.

Der Vergleich hinkt. Die Biene scheitert am unsichtbaren Fensterglas. Die Prüfbedingungen wurden ihr jedoch aufgezwungen. Es gibt Situationen, in denen der Mensch sich nicht weniger linkisch anstellt. In einer Wildnis ohne Straßen und Wegweiser, bei einem mit Wolken bedeckten Himmel, Hilfsvorrichtungen wie Kompass beraubt, neigt der Mensch dazu, im Kreise zu laufen, wie oft man den Versuch auch wiederholt – ein aus Sicht der Biene schier unverständliches Verhalten, denn Bienen orientieren sich an der Polarisierung des Himmelslichtes, welche das menschliche Auge nicht wahrnimmt.

Beim Menschen oder der Biene, dem vermeintlichen Zwang des Weitermachens liegt kein Programm, sondern eine Sinnestäuschung zugrunde, die den Ausweg nicht erkennt, doch die Niederlage nicht hinnehmen will. Das Sinnvolle verkehrt sich dabei zum Grotesken. Die Grasmückeneltern füttern pflichtbewusst das Kuckucksküken, die Seeschwalbe bebrütet eine Weile eine ihr untergeschobene matte Glühbirne, ehe sie diese verlässt. Was ist schon dabei? Vögel erkennen den Hunger ihrer Brut nicht an dem Glukosespiegel des Blutes, sondern an dem weit aufgesperrten Schnabel. Der Kuckucksschnabel bietet diesbezüglich einen übernormalen Reiz. Die Seeschwalben finden ihre Eier, indem sie zuerst den Nistplatz finden. Was im Nest liegt muss ein Ei sein. Vögel, die ihre Eier ohne Nest legen, verwechseln diese nicht mit irgendwelchen runden Gegenständen. Und wie steht es mit uns? Wir werden von Magnetfeldern durchströmt, von Strahlungen durchbohrt. Kosmische Stürme toben um uns, wir umkreisen die Sonne mit einer unvorstellbaren Geschwindigkeit von einigen Zehntausenden Kilometern pro Sekunde. Was nehmen wir von alledem wahr? Das wenige, das in die Funktionen unserer Organe eingreift, und eigentlich nicht einmal so viel, wir nehmen nicht mehr wahr, als wir in den Sichtgrenzen unserer Handlungen deuten können.

Das denkende Tier

Einst waren die Menschen überrascht festzustellen, dass die Vögel sich bei Nacht am Sternenhimmel orientieren. Man vermutete sogar, die Vögel überträfen dabei den Menschen. Der Umstand war irgendwie demütigend für die Menschheit, die nach dem Himmel griff. Die Aufregung legte sich, als klar wurde, dass die Navigationsgaben genetisch verankert sind. Also handeln die Tiere doch nicht, also sind sie hörige Sklaven der Gene. Mal sind die Zügel dieser Lenkung gestrafft, mal locker. Die Handlung eines Tieres ist selten bewusst, nie ein Ausdruck freien Willens. Stimmt das?

Zuckenden Fluges schwirren Libellen am sonnigen Ufer des Baches: große Augenkugeln am breiten Kopf, starr ausgestreckter Stab des Körpers, schillernde Haut und Flügelfarben, sorgloses Treiben. Bedenkt man jedoch, dass Libellen acht, höchstens zwölf Tage haben, um das Geschäft ihres Lebens zu vollenden, erscheint ihre Lebensweise geradezu überschwänglich. Zuerst lösen sich die Männchen von der morgendlichen Starre und suchen am Ufer günstige Wartestellen. Jeder besetzt ein kleines Revier, jagt Beute, greift Rivalen an, verteidigt seinen Tagesbesitz. Die Weibchen erwachen später und zeigen sich gelassen. Erst wenn die Sonne höher steigt, werden sie fluglustig. Statt sich um Besitz zu kümmern, schweifen sie weit vom Wasser weg auf der Jagd nach Insekten und wir begegnen ihnen sogar auf Waldlichtungen. Allmählich reift auch in ihnen so etwas wie Pflichtgefühl, und sie nähern sich dem Bache. Fliegt ein Weibchen in das Revier eines Männchens, so kommt es, wenn beide in der rechten Stimmung sind, zu einer Paarung. Nach werbendem Fluge fasst das Männchen die Partnerin zärtlich am Rücken, als ob es ihr etwas zuflüstern will. Nun statt sich am Hinterleib zu verschmelzen, wo ihre Geschlechtsöffnungen liegen, wird eine bizarre akrobatische Übung ausgeführt. Das Männchen hält das Weibchen fest und krümmt dabei seinen Leib zu einem Kreis zusammen. Eine merkwürdige Figur entsteht, deren Sinn erst der männliche Körperbau aufklärt. Das männliche Organ der Spermaübertragung befindet sich seltsamerweise nicht am neunten, dem letzten Segment des Hinterleibes, wie die eigene Geschlechtsöffnung und die des Weibchens, sondern vorn am zweiten und dritten „Brustsegment". Die Körperverrenkung dient zum Füllen dieses vorderen Spermareservoirs. Nach dieser Vorbereitung ist es paarungsfähig. Dann lässt es das Weibchen los. Es gleitet unter ihm ab, ihr Kopf nähert sich seinem Hinterleib, wo er sie am vordersten Brustabschnitt erneut auffängt, allerdings mit Greifern des Hinterleibs. Das Männchen bleibt ausgestreckt, nunmehr ist das Weibchen mit den körperlichen Verrenkungen dran. Es schlägt seinen Körper nach unten, streckt dabei den Hinterleib so weit nach vorn, dass er in Kontakt mit dem männlichen Reservoir kommt. Etwa neunzig Sekunden verharrt das Paar vergessen in einer Radstellung, die das Kamasutra in den Schatten stellt. Nach dem Loslösen bleibt das Weibchen im Revier. Es steigt an einem Pflanzenstängel zum Wasserspiegel hinunter und bohrt seine Eier in weiches Pflanzenmaterial. Das Männchen schaut aufmerksam zu. So hingegeben ist das Weibchen, dass es bis zu vierzig Zentimeter unter dem Wasserspiegel seine Eier einsenkt.

Manche Herde birgt ein schwarzes Schaf. Mitunter kommt es vor, dass das Weibchen einer Gattung, die regelmäßig ihre Eier unter dem Wasser einsticht, diese Arbeit über dem Wasser verrichtet. Solche Unverfrorenheit versetzt das Reviermännchen in Aufregung. Blitzschnell taucht es vor dem Kopf seiner Partnerin unter die Wasseroberfläche und schnellt heraus. Beschämt verschwindet das Weibchen im Wasser, und handelt von nun an nach der Sitte.

Wir hielten uns absichtlich bei den Einzelheiten auf. Vieles an dem Verhalten erscheint umständlich, schwerfällig, überflüssig. Doch selbst wenn man von den unvermeidbaren Fehlern der Interpretation absieht, die Komplexität der Verhaltensregeln weist auf eine üppige und durch widrige Umstände bis zum Nötigsten geschrumpfte Zweckmäßigkeit hin.

Instinkt ist im Gegensatz zur Handlung angeboren – er war es sicherlich nicht immer. Instinkt ist jeweils dort am Platze, wo der Gedanke keine Zeit mehr hat und das schnelle Handeln, das Zurückgreifen auf einmal Bewährtes angesagt ist. Instinktives Handeln ist wie alle Automatismen auf eine bestimmte Situation zugeschnitten. Außerhalb dieser Situation ist Instinkt lächerlich, wie die Bemühungen eines angetrunkenen Arztes, den Pulsschlag an der Lehne seines Sessels zu messen. Doch in der Bedrängnis des Augenblicks, wo zum Denken keine Zeit bleibt und nur das schnelle Reagieren die Entscheidungswaage noch beeinflussen kann, ist das automatische Handeln: Puls und Blutdruck messen, venösen Zugang legen, die Atmung unterstützen – lebensrettend. Als Insekten die Erde wohnlich machten, mussten sie mit ihrem winzigen Gehirn einiges ausprobieren, entdecken und festhalten. Sie haben eine Vielzahl an Vorrichtungen und Verhaltensweisen entwickelt, Bäume erklommen und Ozeane überquert. Sie waren die ersten uneingeschränkten Herrscher des Festlands und der Luft, bis die Amphibien kamen, bis sie schließlich den Reptilien und dann auch den Vögeln weichen mussten. Nach dem Karbon erreichte ein Tausendfüßler nie wieder eine Länge von zwei Metern. Unter dem parasitären Druck und in immer kleiner werdenden Lebensräumen konnten sich Insekten ein langes Leben mit vielen Überlegungen nicht mehr leisten. Monate und Lebensjahre ihrer Ahnen schrumpften auf wenige, präzise Abläufe des Instinktes. So blieben einer Eintagsfliege wenige Stunden, um das Notwendige zu verrichten. Doch die Reliquien vergangener Größe bleiben in Form überflüssiger Organe und Verhaltensregeln erhalten und bezeugen, was das Insekt einst war. Auch Insekten haben Schmerzen und Gefühle. Sie lieben und hassen, sie leiden und ängstigen sich. Das Fühlen, das Erkennen, das Denken sind allgemeine Merkmale der belebten Natur.

Wahrnehmung

Friede und Freude strahlt ein gesundes Baby aus! Es zappelt mit den Beinchen, streckt sich nach dem bunten Klapperzeug, verfehlt dieses knapp, lässt die Arme fallen, lacht auf, beginnt von vorn. Noch ist es kein Greifen, eher ein Herumalbern und -

stoßen, doch sind die einzelnen Bewegungen an sich unwichtig. Es werden nicht die Muskeln betätigt, sondern Raumvorstellungen geschaffen. Eine nach dem Spielzeug ausgestreckte Hand, die Spannung der Ziliarmuskeln, die Intensität der Farbeindrücke, ihre Verteilung zwischen den einzelnen Retinabezirken, Kopf und Körperhaltung, schließlich das Ergebnis – der greifbare Widerstand – verschmelzen. Es bedarf einiger Wiederholungen bis die Steuerung zum Maß der Entfernung wird. Sobald dies erreicht ist, tritt die Handlung zurück. Ein Blick genügt. Man ist sich sicher, dass die Dinge, die man „vor seinen Augen" hat, dort sind, wo man sie zu sehen glaubt, ohne zu wissen, woher diese Sicherheit kommt. Das Symbol, ein Lichtreflex auf der Netzhaut, verschmilzt mit der Deutung ehemaliger Handlungen zu einer Wahrnehmung. Körperliche Objekte sehen wir im Licht der Sonne, nicht die Sonne und nicht das Licht selbst. Das Licht, dessen Intensität und Farbe wir dabei eigentlich messen, tritt in den Gestalten seiner Deutung hervor. Genauso ist es auch mit der Wirklichkeit bestellt. Wir sehen, riechen, tasten, fühlen, denken und phantasieren ohne die Handlungen zu bemerken, durch welche unsere Vorstellungen von dieser Welt hervorgebracht werden. Und doch ist jedes Sehen ein Deuten des Könnens und jedes Denken ein Haushalten mit Tatkraft.

Weihnachten: frischer Schnee, eine von heiteren Sonnenstrahlen überflutete Straße, festlich gekleidete Fußgänger, neugierige Kinder mit rosigen Wangen zum Küssen, bunte Verkaufsstände, es riecht nach Bratwurst, Backäpfeln, gebratener Gänseleber und süßen Backwaren. Prüfen wir etwas genauer den Augenschein. Alles, worüber wir verfügen, tatsächlich verfügen, sind Lichtspiele auf der Netzhaut sowie das Empfinden der Lufttemperatur und der Feuchtigkeit. Es ist sogar zweifelhaft, ob die Gerüche, die unsere Nase kitzeln, tatsächlich von Gänseleber und Bratwurst stammen. Das Übrige ist hinzugedichtet. Nietzsche hätte hinzugelogen gesagt. Wie ungerecht die letzte Behauptung auch ist, bei näherer Betrachtung erweist sich jeder Gegenstand der Wahrnehmung als ein anhand weniger Zeichen im Kopf entworfenes Bild. Kein Trugbild an sich, doch auch keine unmittelbare Wirklichkeit, sondern eine Deutung. Wahrnehmung ist eine „Fürwahrnehmung".

Weitblicken heißt weit zurückblicken, sagen Astronomen und meinen damit, dass uns das Licht der Sterne, das wir jetzt sehen, nach Millionen von Lichtjahren erreicht. Noch mehr trifft diese Aussage auf unsere Sinne zu, denn die Wahrnehmung der Wirklichkeit verdanken wir nicht so sehr dem unmittelbaren Kontakt, sondern einer langen Kette von Auseinandersetzungen. Jungfräulich ist das Empfinden nie. Wir blicken in die Welt durch das Vergrößerungsglas einer über drei Milliarden Jahre langen Geschichte und erkennen uns bisher unbekannte Dinge, weil die Abstammung uns das Verständnis in die Wiege legt. Der Bestand des Wirklichen in unserer jeweiligen Anschauung ist winzig im Vergleich zu all dem, was unsere Bedürfnisse und Einstellungen aus dem Gedächtnis holen und hinzufügen. Die Reize sind nur noch ein Anlass zur Konstruktion von Handlungsperspektiven aus dem verfügbaren (angeborenen und erworbenen) Erinnerungsschatz. Wir halten die Wahrnehmung für einfach, sogar primitiv, weil sie uns keine Mühe kostet. Wir rümpfen die Nase vor niederen Sinneseindrücken, die sich uns aufzwingen (man öffne die Augen – schon sind sie da), und kriechen vor ihrer Majestät, dem abstrakten Begriff. Dabei ist der Umgang mit diesem umso schwerer, je unhandlicher, unreifer der darin versteckte Inhalt. Man sollte etwas klarstellen: die Perfektion der Wahrnehmung ist ungeheuer im Vergleich zur Unbeholfenheit des begrifflichen Denkens. Keine Darstellung, ob mündlich oder schriftlich, vermag die Bilder der „Wirklichkeit" zu übertreffen oder sich diesen zu nähern, obwohl auch diese nur Deutungen von Zeichen sind. Im Bruchteil einer Sekunde richten wir komplexe Wahrnehmungen fast aus dem Nichts auf. Wenige Striche des Meisters auf dem Papier genügen, um das vertraute Gesicht erkennbar zu machen. Das begriffliche Denken schleppt sich zuweilen wie ein Betrunkener, das linke mit dem rechten Bein verwechselnd, stolpernd und ohne eine klare Richtung beizubehalten. Wir haben noch viel zu lernen, bevor unser Denken die Perfektion der Wahrnehmung erreicht.

Vorstellung

Der Tisch, den ich vor mir sehe, ist eine Wahrnehmung. Schließe ich die Augen, besteht er als Vorstellung weiter. Weniger wirklich, weniger unmittelbar wird er dadurch nicht. Bei der Wahrnehmung prallt das Denken auf die Reize und verfängt sich in diesen, zu deren Deutung gezwungen. Die Vorstellung durchdringt den Augenschein, den Wegweisern des Machbaren folgend, und ist im Grunde eine um die gesamte Lebenserfahrung erweiterte Wahrnehmung. Die Wahrnehmung stellt die Oberfläche, die Vorstellung die Ausdehnung des Wirklichkeitsbildes dar. So wie der Blick die Wahrnehmung an die Grenzen des Sichtbaren bringt, weit von der Stelle entfernt an der wir uns gerade befinden, trägt uns die Vorstellung an die Grenzen des Machbaren oder des nur Denkbaren. Ohne Raketen erreicht Keppler den Mond und beschreibt von dort die Bewegungen der Planeten auf ihren Bahnen. Je weiter die Vorstellung sich vom Unmittelbaren entfernt, desto weniger Hilfe bieten die vorhandenen Reize, desto störender wirkt die Umgebung. Das Denken wirft unnötige Inhalte ab, beschränkt sich auf das Wesentliche. Man meidet Ablenkungen, zieht sich zurück, schließt die Augen. Denken ist wie Tauchen.

Phantasie

Jedes Erkennen ist eine Synthese aus Wahrnehmung, Vorstellung und Phantasie. Während Wahrnehmung und Vorstellung sich an die Vorlagen halten, die ihnen Reize und Erinnerungen vermitteln, verwaltet die Phantasie ihre Inhalte frei. Sowohl unsere Wahrnehmung als auch unsere Erinnerung sind bruchstückhaft. Phantasie ist die Fähigkeit, die Lücken unserer Erfahrungsquellen zu schließen. Stimmt das Ergebnis mit der Wirklichkeit überein, so handelt es sich um Eingebung. Das Gegenteil davon ist die Einbildung.

Erkennen

Wie erkennt man ferne Gegenstände mit denen man keinen Kontakt hat?

Die ersten zusammenhängend überlieferten Deutungen des Erkenntnisvorgangs stammen von den Griechen der Antike. Sie entstanden zu einer Zeit, als man die Seelenwanderung ernst nahm. Wenn die menschlichen Seelen wandern und erscheinen können, warum nicht die Erscheinungen der Objekte? Die Gegenstände senden ihre Abbilder in alle Richtungen, diese treffen auf die Sinnesorgane der Menschen, werden mit den Vorlagen einstiger Begegnungen verglichen und erkannt. Wir erahnen in der Ferne vage Umrisse. Näher angekommen, werden die Einzelheiten sichtbar. Die Details ordnen sich zu einem Ganzen, bis man sich erinnert, Ähnliches einst gesehen zu haben, bis man die Erscheinung erkennt. Jedes Erkennen ist zugleich ein Erinnern oder ein Zuordnen des Wahrnehmbaren zum Bekannten.

Das Erkennen der Abbilder genügte nicht lange. Die Theorie scheiterte an der Frage, wie die Zuordnung vom Sichtbaren zum Bekannten erfolgt, wenn das Wahrnehmbare keine Entsprechung im Erinnerungsschatz hat? Woran erinnert man sich in einer neuartigen Situation? Muss alles Neue dem Erkennen verschlossen bleiben? Und was ist nicht irgendwie neu?

Man kann nicht zweimal in den gleichen Fluss steigen – sagte Heraklit und brachte das Problem auf den Punkt. Die Agnostiker schlossen daraus auf die Unmöglichkeit, die Welt zu erkennen. Sie verneinten damit ihr eigenes Urteil. Die alltägliche Erfahrung sprach eindeutig dafür, dass Gegenstände erkannt werden können, und dass das Erkennen erlernbar ist.

Als nächster wagte sich Platon an das Problem. Er ersetzte konkrete Abbilder durch den Begriff einer abstrakten Idee. Eine geistige Konstruktion entstand, die keine Entsprechung in der Wirklichkeit hatte, aber dennoch viele in seinen Bann zog. Dabei ging Platon wie folgt vor: Im Gegensatz zu dem individuellen Abbild enthält eine Idee den Auszug, das Wesen vieler verwandter Erscheinungen. Die Ideen existieren unabhängig vom Menschen und von den Objekten und sind hierarchisch, entsprechend dem Grad ihrer Abstraktion geordnet. Der Mensch erhält mit der Geburt Ideen als Erinnerungen. Bei der Gegenüberstellung mit konkreten Erscheinungen erinnert man sich an diese abstrakten Ideen und konkretisiert sie in seinem weiteren Leben bis in die Einzelheiten eines jedes Gegenstandes.

Mit der Annahme einer angeborenen Vorstellung, die uns vor jeder Wahrnehmung Vorlagen liefert, hatte Platon nicht einmal Unrecht. Als Eselsbrücke wirken seine Vorstellungen auch nach zweitausend Jahren weiter.

Vergessen wir für einen Augenblick die Seelenwanderung, Abbilder und Ideen. Lassen wir lieber statt der Worte die Kleider fallen, laufen den Abhang hinunter und tauchen in den heraklitischen Fluss ein. Mag das Wasser sich immer weiter von der Stelle entfernen, die Luft, die Sonne, der Sand am Strand, selbst die Lage im Universum werden stets eine andere sein, doch die eigene Bewegung, die uns zu und in das Wasser führt sowie die begleitenden Erlebnisse und Empfindungen, sind das Gleichbleibende an der Situation und können als eine sichere Erkenntnis mitgenommen werden.

Heraklit hatte recht, man kann nicht zweimal in den gleichen Fluss steigen, aber (und hier sind wir ihm voraus), man kann es zweimal auf die gleiche Weise tun.

Das Erkennen ist das Entwerfen von Gültigkeitsgrenzen des eigenen Könnens, das Erfassen der Wirklichkeit aus dem Vordringen. Das Handeln stößt auf Widerstand und nimmt ihn wahr. Die Grenzen des Widerstands ergeben Umrisse. Umrisse formen sich zu Räumen und Objekten. Die Welt wird in den Bezugsgrößen unserer Handlungsfreiheit erkannt. Die Gegebenheit ist eine Eigenheit der Wirklichkeit, die gleichen Handlungen gleichen Widerstand bietet und somit in Symbolen der Abstufungen des Widerstandes als eine aus der Tat resultierende, als eine **Tatsache** beschrieben werden kann. Einzelne Gegebenheiten aufeinander bezogen ergeben Erfassungssysteme wie Raum und Zeit. Die Zeit registriert das Nacheinander, der Raum das Nebeneinander.

DIE MENSCHLICHE SPRACHE

Die Wahrnehmung bindet die Deutung an die Oberfläche des Seins. Die Sprache fügt sie in das Gefüge von Gepflogenheiten ein. Sie tut es zunächst durch Nachahmung ohne Inhalte mitzugeben.

„Du warst kaum vier Tage bei mir! Obwohl wir uns so lieben! Sollten wir uns nicht wiedersehen, fällst du im Kampf, dann bleibt mir der Stolz, deine Frau gewesen zu sein, wenn auch nur für wenige Stunden. Sieg Heil!." Das kam aus dem Rundfunk oder stammte aus der Zeitung. Es war die Sprache der Zeit. Man bediente sich ihrer, um Außerordentliches auszudrücken und machte unwillkürlich aus einem intimen Brief eine billige Werbung für einen mörderischen Krieg.

Einen großen Teil der sprachlichen Formulierungen übernehmen und reichen wir ohne nachzudenken weiter. Hin und wieder erkennen wir, dass wir das meiste vom Gesagten, nicht recht verstehen, und wenn wir uns fragen, warum wir es sagen oder denken, so merken wir, dass wir es nur deshalb tun, weil die anderen es von uns erwarten und weil wir einen „richtigen Eindruck" hinterlassen wollen. Zum Verstehen gehört viel mehr. Entscheidend ist nicht, ob man Wörter nachsagen und geschickt kombinieren kann, sondern wie man zu dem Inhalt gelangt: durch ein Erlebnis, eine Vorführung, durch eine Definition oder nur vom Hören.

Inhalt und Begriffe

Der Name, die Bezeichnung (z.B. Supercalifragilisticexpialigetisch) ist das Markanteste und das Entbehrlichste an einem Begriff. Mehrere Wiederholungen sind erforderlich bevor man den Namen behält. Anders ist es, wenn man Inhalte aus Erlebnissen schöpft. Wahrnehmung hinterlässt auf der Entdeckungsreise Orientierungshinweise. Neuartiges wird in banalen Zeichen festgehalten. Ein Stein, ein abgebrochener Ast, ein Kratzer in der Felswand wecken Erinnerungen und zeigen dem Eingeweihten etwas Anderes. Der Kratzer hier deutet auf eine Grotte, der Stein dort verweist uns auf einen Wasserfall. Für den, der ihre Bedeutung kennt, sind sie „Inhalte" und bedürfen keiner weiteren Erklärung. Wer allerdings nicht über entsprechende Erfahrungen verfügt, benötigt den Umweg einer Definition.

Die Bewegungen des Denkens, gleich denen des Körpers, spielen sich in dem Gegebenen ab. Ob dieses Gegebene reich und farbenfroh oder verzerrt und fade ist, liegt an dem Reisenden. Verstehen bedeutet Worte auf das Vorstellbare, Greifbare, Machbare zu prüfen und in die eigene Haltung einzubinden. Das Denken darf sich nicht bloß in Bezeichnungen bewegen. Im Gegenteil, das Denken muss sich, um der Inhalte sicher zu sein, möglichst gänzlich von den Bezeichnungen lösen. Man soll so denken als würde man vorführen, als würde man es geschehen lassen. Man erlernt eine Sprache wie man Handeln lernt. Und die Werkzeuge des Berufs und sozialer Einrichtungen sind die wichtigsten pädagogischen Instrumente. Man kann nicht Autofahren vom Hörensagen lernen. So bleibt uns trotz aller Sprache und Erklärungen all das verschlossen, wozu unsere Arme und Beine keinen Zugang schufen. Die Intelligenz geht von den Fingerspitzen zum Kopf über.

Noch legen wir zu viel Wert auf das bloße Wort. Zu unrecht. Welche besonderen Worte waren es, mit denen man die Atom- und Molekularlehre begründete? Wie denkt man all die Dinge, für die es keine Worte gibt? Wie spricht man diese Dinge aus? Und wozu das Denken, das nichts Neues bringt?

Worte sind Namen für Inhalte. Menschen sprechen oft in gleichen Worten über grundverschiedene Sachen. Das Wort Paris, hat für einen Chinesen, der sein Land niemals verließ, eine andere Bedeutung als für den Pariser und umgekehrt. In der Kaufhalle oder auf der Straße erleben wir „Sprachgenies", die frei und ohne geringste Verlegenheit Tausende von Worten aus verschiedenen Lebensbereichen abfeuern. Kein Thema ist ihnen zu schwer, vor keinem Gegenstand machen sie halt. Man hüte sich vor der Versuchung, sie verstehen zu wollen. Je weniger man sich unter einem Symbol vorstellen kann, desto leichter fällt es einem, mit ihm umzugehen, desto nahtloser reihen sich Worte aneinander. Wiederum, wer klar denkt, muss nicht glatt sprechen können, oft genau im Gegenteil. Jemanden verstehen, heißt ihm folgen können, folgen in die Welt, die hinter den Worten liegt. Die Kunst der Darstellung besteht darin, einzelne Wörter überflüssig zu machen, damit jeder aus den Bezeichnungen hinaustreten und sich in der vordersten Wirklichkeit frei bewegen kann, tatsächlich bewegen, über Felsen springen und lachen, den Schmutz und Seetang des Banalen am Fuße bezwungener Klippen zurücklassen, sich über die jeweiligen Aussichten freuen, dem Begleiter für die Route und stützende Hand dankbar sein.

Gegebene und Nichtgegebene

Wir empfinden die Welt als gegeben und beschreiben diese Eigenschaft mit dem Wort „wirklich". Die Welt ist wirklich, weil unsere bloßen Meinungen an den Gegebenheiten der Welt nichts ändern. Es ist umgekehrt die Wirklichkeit, welche unsere Empfindungen und Wahrnehmungen formt. Prüfen wir jedoch das Empfundene, so stellen wir fest, dass Wahrnehmungen, Vorstellungen und Gedanken von der Wirklichkeit nicht die Wirklichkeit selbst sein können, dass sie unvollkommene Mittel zur Erfassung der Wirklichkeit sind. Was ist nun von unserer Wirklichkeitsauffassung wirklich oder gegeben, was ist wiederum eingebildet oder schlicht zugedacht?

In den letzten zweitausend Jahren haben die Philosophen sich einiges einfallen lassen, um das Wirkliche vom Eingebildeten zu unterscheiden. Ähnlich wie bei den Entwürfen vom Perpetuum Mobile war man außerordentlich erfinderisch. Viele der geistigen Konstruktionen wirken bis heute. Die lieb gewonnene Trennung in das Objektive und Subjektive umschreibt das oben genannte Problem in lateinischen Worten ohne weiterzuführen, da eine Einteilung in Objektives und Subjektives ausschließlich subjektiv erfolgt. Der Streit darüber, ob den Reizen bzw. den unmittelbaren Betrachtungen ein höherer Wirklichkeitswert, als den abstrakten Vorstellungen zukommt, führt uns gänzlich von dem Gegenstand weg. Sowohl unmittelbare Wahrnehmungen als auch „abstrakte" Gedanken können täuschen. Die Ellenbogen, die den Kopf auf der Tischplatte stützen, vermögen nicht die Leere dieser Tischplatte zu spüren, in der auf enormen Entfernungen einzelne Klümpchen der Materie, Atome genannt, ohne einander zu berühren schweben. Doch der Kopf, der über Strahlungsphänomene nachdenkt, zieht das letzte Bild vor, obwohl dessen Bestandteile: Kerne, Elektronen, Felder unsichtbar, ja im alltäglichen Sinne unfassbar sind. Der erklärende Gedanke hat im letzten Beispiel einen höheren Wirklichkeitswert als die Wahrnehmung, der die atomare Struktur entgeht.

Gewissheit

Die Einfalt glaubt, es gäbe etwas, das keine Deutungsschwierigkeiten, keine Missverständnisse zulässt, etwas, das objektiv, vom Betrachter unabhängig, wie ein vom Gerät angezeigter Wert ist. Es ist die Unkenntnis all der Annahmen und Unsicherheiten, die in den Begriffen „Temperatur" oder „Schwerkraft" stecken, die die Temperaturmessung oder Massenbestimmung als etwas einfach Gegebenes erscheinen lässt. Ein zwischen der Wahrnehmung und Wirklichkeit eingeschalteter Automat macht die Resultate nicht automatisch richtiger. Jahrtausende sah man die Sonne untergehen und erfreute sich des Sonnenaufgangs. Das Gestirn glitt durch den Himmel, alle Messungen bestätigten das, bis ein einziger Gedanke es zum Stillstand zwang. Seitdem dreht sich die Erde dem Sonnenantlitz zu. Nach Aristoteles galt, dass kein Körper sich von allein bewegen kann, dass jede Bewegung einer bewegenden Kraft bedarf. Dann kam die Vorstellung der Trägheit. Seitdem bewegen sich die Körper ohne bewegt zu werden. Jahrelang war das Licht ein Fluidum, dann ein Teilchen, dann eine Welle, schließlich beides zugleich. Jede Tatsache ist eine Deutung, jedes Wirklichkeitsbild ist eine

Schöpfung. Alle Theorien sind Rechtfertigungen und was wir Resultate nennen, sind Ansätze.

Das Gesagte vereinfacht das Problem wohl kaum. Das war auch nicht unsere Absicht. Vielmehr wollten wir uns von dem Vorurteil lösen, es gäbe einen einfacheren, einen „Königsweg" in die Wirklichkeit: eine Autorität, eine Übereinstimmung, ein Gerät. Eine Garantie für die Richtigkeit kann es im Voraus nicht geben.

Das, was eine Tatsache von einer Vermutung unterscheidet, ist nicht die Körperlichkeit, und nicht die eingebildete Sicherheit, sondern eine maximale Bewegungs- bei einer fehlenden Interpretationsfreiheit. Das Faktum ist solange ein solches, bis sich eine bessere Deutung ergibt.

Erklärung

Erklärungen sind ordnende Kräfte der Vorstellung. Die zu einem Haufen zusammengetragenen Erlebnisse stören, wenn der Gesamtüberblick verloren geht. Erklären heißt das Neue, das Hinzugekommene in Einklang mit dem Bekannten und Gegebenen zu bringen, damit sich daraus ein durchgehender Handlungsraum ergibt.

Vergilbte geographische Karten enthalten Inseln, die es nie gegeben hat, Fabelwesen verzieren eingerissene Ecken. Die Umrisse der Kontinente sind ungewohnt. Dennoch sind die Einzelheiten irgendwie vertraut. Viele der Städte, Flüsse und Berggipfel kennen wir. Vor uns liegt die Welt des neunten Jahrhunderts. Erklären bedeutet Auffinden neuer, ungeahnter Perspektiven aus einer widerspruchsfreien Zusammenstellung bekannter Tatsachen. Aus den heutigen Karten sind die Fabelwesen verschwunden, manche Kontinente sind ausradiert, andere neu eingezeichnet. Die Sammlerlust hat ihre Grenzen. Sind diese erreicht, so bleibt für Ausschweifungen kein Platz. Das Ordnen einzelner Erfahrungen zu Räumen, die man nicht direkt erfassen, sehen, fühlen, begehen kann, doch annehmen muss, um die einzelnen Erfahrungen in Einklang zu bringen, ist der Schlüssel zur Erfassung der Welt. Lässt sich eine Winzigkeit, ein Teil der Erfahrung nicht in dem bisherigen Gefüge unterbringen, so muss das Geltende überprüft werden. Alles wird auf einmal flüssig. Die Ausdehnungen des Denkbaren werden verschoben, neue Umrisse, Entfernungen werden erwogen. Ergibt sich eine neue Ordnung, die alle Einzelheiten unverzerrt einschließt, dann gilt das entworfene Bild. Bleibt man im Widerspruch gefangen, dann wird die Denktätigkeit fortgesetzt. Widerspruch ist nicht der Vater aller Dinge. Ansporn zur Erkenntnis ist er gewiss.

Verständigung

Zwei Blicke, die auf einen Gegenstand gerichtet sind, ergeben zwei verschiedene Bilder. Der eine sieht blau, der andere rot. Die Biene sieht UV-Strahlen, die dem menschlichen Auge entgehen, der Mensch unterscheidet Farben, für die eine Biene blind ist. Ein Grund, warum manche auf den Gedanken kommen, dass jede Wahrnehmung einmalig ist und es keine Verständigung zwischen Individuen gibt, geben kann.
Irrtum!
Die Wahrnehmungen der Fledermaus und des Menschen lassen sich tatsächlich nicht direkt übereinanderlegen. Der eine sieht, was der andere hört. Dennoch haben sie in vielem eine wesensgleiche Wirklichkeitsauffassung und hätten einen identischen numerischen Ausdruck. Beide, der Mensch und die Fledermaus, bewegen sich frei im Raum und rennen weder Gegenstände noch Wände an. Der Grund für die Übereinstimmung ist einfach. Dort, wo die Wirklichkeit den Handlungen gleichen Widerstand bietet, treffen sich die Deutungen und fallen gleich aus, ungeachtet der Symbolunterschiede ihres Erfassens. Es ist unwichtig, mit welchen Mitteln die Umrisse der Wirklichkeit abgetastet werden. Es ist belanglos, ob diese Umrisse im Hören, Sehen oder Tasten festgehalten werden. Der Inhalt des Machbaren nimmt keinen Schaden davon. Die Welt ist der Ort, an dem wir uns verständigen. Die Basis dieser Verständigung ist die Einheit, Gleichheit, Übereinstimmung und Reproduzierbarkeit des Widerstandes, den die Wirklichkeit gleichen Handlungen

bietet. Die Beständigkeit der Wirklichkeit gegenüber unseren Ansprüchen bewirkt, dass Raumumrisse Fledermäusen und Menschen identisch erscheinen, dass das Dreieck eines Geometers in Tokyo wie in Paris gleich ist, im 5. Jahrhundert vor Christus wie heute.

Einfalt des Faches

Werkzeuge, die zwischen Wahrnehmung und Wirklichkeit vermitteln, bereichern unser Bild der Wirklichkeit und verformen es. Nietzsche hat das Philosophieren mit dem Hammer entdeckt und wirkungsvoll vorgeführt. Er verschwieg dabei, dass die gewonnenen Erkenntnisse unterschiedlich ausfallen, je nachdem ob man die Wirklichkeit mit dem Auge, mit der Hand, mit dem Ultraschallscanner oder Neutrinostrahl abtastet. Die Messinstrumente beeinflussen Umrisse, Struktur und Beschaffenheit unserer Vorstellungen vom Gegebenen ohne, dass das Gegebene dadurch anders wird. Glas ist hart für einen Holzstock und weich für einen Diamanten. Der Gipsverband ist unter Röntgenstrahlen durchsichtiger als Glas. Hart und fest ist lediglich das, was für Werkzeuge undurchdringlich ist. Wird ein Mittel gefunden, in das Undurchdringliche einzudringen, dann wird auf einmal das Feste weich, das unspaltbare Atom zerbröselt und die Materie schmilzt zur flüssigen Energie.

Unsere Zeit entdeckte Elektronen-, Röntgen-, Magnetstrahlen. Sie nutzte hierfür jeweils andere Geräte und stufte die Ergebnisse in Messlatten der jeweiligen Werkzeuge ab. Infolge unterschiedlicher Ausdrücke zerfällt das Wissen von jedem Gegenstand in mehrere eigenständige Ebenen: makroskopische, mikroskopische, elektronenmikroskopische, chemische, atomare und die Teilchenebene. Obwohl sie alle im gleichen Objekt liegen, gibt es zwischen ihren Aussagen oft keinen unmittelbaren Übergang. Die chemischen Reaktionen ergeben sich nicht aus den atomaren Ereignissen und fließen nicht in die makroskopischen Formen der Gegenstände ein. Nun, ein Instrument mag vom Gegenstand abprallen, ein anderes in dieses eindringen. Solange es sich um den gleichen Gegenstand handelt, müssen die Ergebnisse ineinander überführbar sein, ohne dass die Wirklichkeitsauffassung darunter leidet. Man muss Licht riechen, die Zeit wiegen und den Raum hören können, ohne jegliche Zauberei. Wir tun es auf vielfältige Weise. Wie entsteht schließlich ein Photo? Die Reaktionen in einer photochemischen Emulsion unterscheiden sich nicht prinzipiell von den chemischen Reaktionen der Geschmacksempfindung. Was wiegt eine Sanduhr ab, deren Sandmenge die Zeit anzeigt? Was hört eine Fledermaus beim nächtlichen Fluge?

Betrachtet man die gegenwärtigen Anschauungen der Physik, Chemie, Biologie, Soziologie, Religion, die unabhängig von einander existieren, so wird offensichtlich: Die Zeit wirklich großer geographischer Entdeckungen liegt erst vor uns. Die Ozeane zwischen den Kontinenten unserer Fachkenntnisse sind noch nicht überquert.

DIE WELT OHNE FACHGRENZEN

An dieser Stelle angelangt, möchte ich die Phantasie zu Hilfe rufen, ein ungezwungenes Gedankenspiel mit dem Wissen wagen, das vom Schulunterricht übrigblieb, und ein Weltbild entwerfen in dem es nur eine Betrachtungsebene, die des Lebens gibt. Der kursiv und in grau geschriebene Text markiert Inhalte, die keinen Anspruch auf Richtigkeit erheben, mein Spezialwissen ist zu lückenhaft für eine Gewissheit. Wie jedes Schreibtisch-Modell hat diese alternative Welt gewiss ihre Makel, ist aber auch nicht als eine Theorie, sondern als Anregung gedacht. Das Modell soll provozieren, dabei die Widersprüche gegenwärtiger Vorstellungen verdeutlichen und vielleicht den einen oder anderen anregen, den Weg für neue Betrachtungsweisen ebnen.

Raum und Materie

Was ist oben und was ist unten im Kosmos? Was ist fließend und was ist fest in der atomaren Welt? Wir teilen selbstsicher das Seiende in Stoff und leeren Raum, da unsere Arbeitsmittel in der Leere keinen Widerstand spüren und an der Masse scheitern. Fest ist das, was sich fest anfasst. Gehen wir jedoch davon aus, dass die flüssige Energie der Inhalt einer Masse ist, so lässt sich die Festigkeit der Masse nicht mehr so leicht begründen. Was verfestigt nun die Energie zur Masse? Was wiederum, wenn es umgekehrt und die Leere fest, die Materie aber flüssig ist? So abwegig ist dieser Gedanke nicht. Es kommt darauf an wie man die Festigkeit misst. Wir haben uns daran gewöhnt, die Leere leer zu denken. Von der Antike bis zum 18. Jahrhundert war es anders. Die Denker von damals störte der Umstand, dass der Begriff der Leere nicht ausreichend den Raum zwischen den einzelnen Objekten erklärt. Leere lässt sich nicht messen – der Raum wohl. Um die Abstände zwischen den Objekten zu erklären, verwendete man früher den Begriff Äther. Man verstand darunter eine nicht näher definierbare Füllung, die zwischen kosmischen Gegenständen liegt und das Aufeinanderfallen und Zusammenschmelzen der Objekte verhindert. Der messbare Ausdruck dieses Widerstandes ist die Entfernung. Raum wäre dann Äther mit der darin verstreuten Materie.

Die Mechanik des 16.-19. Jahrhunderts beschäftigte sich vor allem mit den „festen" Gegenständen und konnte daher auf den Äther schmerzlos verzichten. Der Raum wurde in die mathematische Formeln mechanischer Bewegungen und Größen als eine Konstante aufgenommen. Diese Haltung wurde bis heute beibehalten.

Die Kernspaltung hat die körperliche Integrität erschüttert. Die Festigkeit der sichtbaren Welt, wie wir diese alltäglich erleben, war nicht mehr selbstverständlich, eine Erklärung für den Bestand uns umgebender Gegenstände blieb aus. Dabei lassen sich die Raum gestaltenden Eigenschaften des Äthers zur Erklärung der Festigkeit der Masse gut verwenden.

Nehmen wir an, es gibt einen Äther, über den wir zunächst nichts weiter wissen, als dass er gegenüber der Energie Druck und Elastizität besitzt (also Festigkeit zeigt), den Raum ausfüllt und dadurch die Ausbreitung der Energie im Raum verhindert. Kommt an einem Ort des Universums so viel Energie zusammen, dass sie den Ätherwiderstand übersteigt, so verdrängt die Energie den Äther aus dem Raum. Mit der Verdrängung verdünnt sich die Energie umso mehr, je größer das Volumen welches sie im Raum einnimmt. Der anfängliche Kraftüberschuss geht dabei verloren. Wenn der äußere Ätherdruck und der Ausdehnungsdrang sich angleichen, entsteht ein Teilchen – ein Klümpchen der im Raum zusammengepressten und so durch den Ätherdruck festgehaltenen Energie. Die Festigkeit der Masse wäre das Umgekehrte des Äthersdruckes auf die zusammengeballte Energie.

Nur wenige räumliche Energieanordnungen lassen das Gleichgewicht eines Teilchens zu. Die Zwischenstufen sind instabil und kurzlebig. Die Umwandlung der Energie zur Masse erfolgt daher nicht allmählich, sondern sprunghaft von einem Zustand des Gleichgewichts zum anderen. Die Energie wird bei den Massenumwandlungen in Raten bzw. Quanten abgegeben und angenommen, selbst wenn die Energie kontinuierlich zugeführt oder ausgestrahlt wird. Die für Massenumwandlungen ungeeignete Energie (für eine niedrige Energiestufe zu groß, für eine hohe unzureichend) pendelt um den stabilen Zustand. Das Teilchen nimmt dabei mal ein größeres, mal ein kleineres Volumen entsprechend der Elastizität des Äthers ein. Bei diesem Durchlauf versetzt es den Äther in Schwingungen gleich einem ins Wasser geworfenen Stein. Die Energie wird an den Schwingungen des Äthers aufgebraucht und mit Ausbreiten dieser Schwingungen als eine elektromagnetische Kugelwelle fortgeschleppt. Die Ausbreitungsgeschwindigkeit der elektromagnetischen Welle im Äther ist unabhängig von der Wellenlänge und durch die jeweilige Elastizität des Äthers bedingt. Sie entspricht der Lichtgeschwindigkeit im Vakuum. Trifft die elektromagnetische Welle auf ein anderes Teilchen, so wird ihre Ausbreitung be-

hindert. Die Welle wird örtlich abgebremst, hinter dem Teilchen entsteht ein Schatten. Dort, wo die Wellenfront einem Teilchen gegenübersteht und dieses nicht umfließen kann, beginnt die Welle das Teilchen zu schieben. Sie wirkt in Richtung der maximalen Kraftübertragung. Das Teilchen, von der elektromagnetischen Welle geschoben, folgt dem minimalen Ätherwiderstand. Bei gleichmäßiger Dichte des Äthers ist die Teilchenbewegung gleichmäßig geradlinig und radial. Ist die Ätherdichte ungleich, so folgt das Teilchen dem geringsten Widerstand. Ihre Bewegung wird gewunden, unter Umständen ellipsen- oder kreisförmig. Wirken zugleich andere elektromagnetische Kräfte auf das Teilchen, so kommt es zu fluktuierenden oder chaotischen Bewegungen.

Aus den obigen Betrachtungen ergibt sich: Ruhe ist ein Sonderfall ausgeglichener Kräfte. Hinter jeder Bewegung stehen Mengenverhältnisse einwirkender Energien. Um einen Körper bis zur Lichtgeschwindigkeit zu beschleunigen, müsste die ihn bewegende Energie eine Größe erreichen, die den Ätherdruck übersteigt. Damit würde sie den Äther verdrängen, und anstatt den Körper durch den Äther zu bewegen, selbst zu Materie werden. Die Beschleunigung von Objekten wird bei einer fortgesetzten Energiezufuhr von Massenumwandlungen begleitet. Die stattfindende Zunahme der Körpermasse behindert die fortgesetzte Körperbeschleunigung. Im Vakuum sind weder Überlichtgeschwindigkeit der Masse, noch Bewegung ohne bewegendes Prinzip möglich.

Dualer Charakter des Lichtes

Wenn das Licht fremder Galaxien nach Milliarden von Lichtjahren unseren Planeten erreicht und die Atmosphäre durchdringt, ist es immer noch fähig, die Netzhaut im Auge anzuregen als käme es von einer nebenan brennenden Kerze. Geht man davon aus, dass das Licht eine Welle ist und setzt man das Quadrat der Entfernung als Maß der Energieverluste an, so dürfte die angekommene Energiemenge niemals ausreichen, um diese chemischen Reaktionen zu bewirken. Der Blick zum nächtlichen Himmel bestätigt das Gegenteil. Die Sterne leuchten hell ungeachtet immenser Entfernungen. Dem Licht wird daher ein doppelter Charakter zugeschrieben. Es soll sich als eine Welle ausbreiten und verdünnen, jedoch als ein geballtes Bündel eines Teilchens, als ein Photon, ausgestrahlt und empfangen werden. Der Verstand kapituliert vor dem Versuch, denn genau genommen sind diese zwei Eigenschaften unvereinbar. Als Kugelwelle verliert das Licht an Intensität proportional zum Quadrat der Entfernung, als Teilchen behält es seine Größe, ungeachtet des zurückgelegten Weges.

Was geschieht mit wachsender Entfernung von der Lichtquelle? Werden Photonen seltener im Raum verteilt? Wenn ja, wie soll das Licht eine Kugelwelle bleiben? Bilden Photonen wiederum eine geschlossene Kugelfront, wie können sie ihre Stärke behalten?

Sind Körperbewegungen die Auswirkungen einer fortgesetzten elektromagnetischen Strahlung auf die Teilchen, wie es unser alternatives Weltbild vorsieht, so wäre das sonderbare Verhalten des Lichtes verständlich. *Ist die Lichtenergie beim Aufprall auf einen Körper zu schwach, geht sie in die kinetische Energie der Körperbewegung über. Der Körper beschleunigt sich allerdings nur geringfügig. Seine neue Geschwindigkeit ist im Vergleich zur Lichtgeschwindigkeit verschwindend klein, denn seine Masse ist enorm, verglichen mit dem Impuls des ankommenden Lichtes. Das Licht wird umgekehrt durch Bindung an das Teilchen abgebremst und fast zum Stillstand in Ausbreitung gebracht. Die an das Teilchen gebundene Energiemenge kann darum von den nachfolgenden Wellen eingeholt werden. Reicht die Lebensdauer der Lichtquelle aus, so summiert sich die dem Teilchen zufließende Energie, bis ihre Menge ausreicht, um als „Photon" Massenumwandlungen chemischer Reaktionen auszulösen. Die Entfernungen und der Zustand der Verdünnung der elektromagnetischen Energie spielen dabei keine Rolle. Das Licht „wirkt" wie ein Quantum, sobald die Energie vor Ort eine bestimmte Größe erreicht.*

Abstoßende „Anziehung" der Schwerkraft

Aus dem Zueinanderstreben von Körpern (der Apfel fällt auf die Erde, Planeten kreisen um die Sonne und umeinander) ist schnell eine Schlussfolgerung gezogen: Die Körper ziehen sich entsprechend ihren Massen gegenseitig an. Je weiter man jedoch den Gedanken spinnt, desto lauter werden die Widersprüche. Jede Fernkraft bedarf einer bestimmten Zeit zur Ausbreitung. Eine Überlichtgeschwindigkeit im Vakuum ist unbekannt. Doch die Schwerkraft wirkt sofort über unendlich weite Entfernungen. Weicht Jupiter von seiner Bahn ab, führen andere Körper des Sonnensystems im gleichen Augenblick entsprechende Mitbewegungen aus und nicht zeitlich versetzt. Unbegreiflich! Nun, vielleicht braucht die Schwerkraft gar nicht anzukommen, vielleicht ist sie schon längst da und wartet nur auf die Gelegenheit, sich vorzustellen? Gewiss könnten die Körper einander anziehen, doch genauso gut könnten sie zueinander geschoben worden sein.

Betrachten wir zunächst die Unterschiede in der Fernwirkung der elektromagnetischen und der Gravitationswellen in der oben entworfenen alternativen Welt. *Bei Umwandlung der Energie zur Masse, verdrängt die neu entstandene Masse den Äther um mehr Platz darin einzunehmen. Der darauffolgende Ätherrutsch breitet sich in alle Richtungen von dem Ort der Massenneubildung aus. Trifft dieser Ätherrutsch auf ein entlegenes Teilchen, so übt er Druck auf dieses aus. Die Wucht des Aufpralls, mit dem der Ätherrutsch auf das Hindernis trifft, ist umgekehrt proportional dem Quadrat der Entfernung vom Impulserzeuger und direkt proportional der Masse des im Wege stehenden Teilchens. Durch die Umstände der Entstehung treibt der Ätherrutsch am Ort der Entstehung die Materie auseinander. Die einzelnen Moleküle des „Gravitationsstrahlers" können daher nicht zu einem Körper verdichtet werden. Der nach außen gerichtete Gravitationsschub zersprengt sie. Die Gravitation setzt sich aus verstreuten Einzelereignissen zusammen, was zu einer gleichmäßigen Verteilung der Gravitationswellen im Raum führt. Bei elektromagnetischer Strahlung ist der Vorgang umge-*

kehrt. Mit der Umwandlung der Masse zur Energie wird die Energie ausgestrahlt und verlässt den Entstehungsort. Das punktuelle Zusammenziehen der Strahlungsquelle führt zu einem Ätherrutsch, der zum Zentrum schrumpfender Massen gerichtet ist und diese anhaltend zusammendrückt.

Die Fernwirkung der Strahlung und Schwerkraft ist ebenfalls entgegengesetzt. Das Licht, punktuell entstanden und daher überwiegend aus einer Richtung kommend, bewegt beim Auftreffen auf ein Teilchen dieses von der Lichtquelle fort. Zwei nebeneinander im Raum liegende Teilchen würden dann radial von der Lichtquelle und somit auch von einander bewegt. Die Gravitationswellen kommen gleichmäßig aus allen Richtungen und können ein einzeln liegendes Teilchen nicht bewegen. Sie pressen das Teilchen zusammen, „halten" es im Raum fest und bestimmen dessen Größe und Form. Liegen allerdings zwei materielle Körper räumlich getrennt nebeneinander, fällt der Gravitationsdruck zwischen den Körpern geringer als an ihren nach außen gewandten Seiten aus. Dieser Druckunterschied schiebt dann die Körper aufeinander. Es entsteht der Eindruck, dass die Körper sich anziehen.

Man kann die Wirkungsweise des Lichtes und der Schwerkraft umkehren, wenn man die Lichtwellen diffus ankommen, die Schwerkraft dagegen aus einer einzigen Richtung wirken lässt.

Stellen wir uns einen Raum vor, dessen Wände aus winzigen Lämpchen zusammengesetzt sind und aus allen Richtungen gleichmäßig Licht spenden. Lassen wir in diesem Raum einen Luftballon schweben, so ist um diesen kein Schatten bemerkbar. Es gibt nichts, worauf der Schatten fallen und keine Richtung, in die der Ballon vom Licht bevorzugt geschoben werden kann. Die Lichtwellen, von überall gleichmäßig ankommend, heben ihre Wirkung gegenseitig auf. Wird ein weiterer Luftballon in den Raum gebracht, so werden die Schatten an den einander zugewandten Seiten bemerkbar. In dem Maße wie das Licht schieben kann, „ziehen sich die Luftballons gegenseitig an". Nun setzen wir anstelle „der Lichtwelle, die punktförmig aus der Ferne ankommt, die von überall her fast gleichmäßig an-

113

kommende Gravitationsstrahlung. Nähern sich zwei Körper im Weltraum, so dass sich ihre Gravitationsschatten decken, so werden sie entsprechend dem Gradienten der einseitig abnehmenden Gravitationsstrahlung aufeinander geschoben.

Antigravitation

Treffen zwei Teilchen aufeinander und verschmelzen so, dass das entstandene Molekül weniger Platz im Raum als die beiden Teilchen einnimmt, wird die überflüssige Energie freigesetzt und mit der elektromagnetischen Strahlung weggetragen. Die Schwerkraft stabilisiert das neue Gebilde. Es entsteht eine anhaltende Bindung. Wird die Ausstrahlung der Energie verhindert, oder wird die Energie erneut dem Molekül zugeführt, so kann die Schwerkraft überwunden werden. Die eingegangene Bindung löst sich, die Teilchen fliegen auseinander. Der Gegenspieler der Schwerkraft, die geheimnisvolle Antigravitation, ist die elektromagnetische Energie.

Entropie

Laut Thermodynamik kann die Unordnung der Welt nur zunehmen. Im sichtbaren Widerspruch hierzu drückt die Schwerkraft alles zusammen. Unter Einwirkung der Schwerkraft nimmt die Organisation der Materie entgegen den Gesetzen der Thermodynamik ständig zu. Dabei entstehen immer komplexere Moleküle einschließlich der Moleküle des Lebens. Der Widerspruch ist scheinbar. Das Zusammenziehen der Materie wird von einer Ausstrahlung der überflüssigen Energie begleitet. Die Ausstrahlung der elektromagnetischen Energie bewirkt wiederum die Zunahme der Entropie oder Unordnung überall dort, wo diese Energie ankommt und auf Widerstand trifft. Die wachsende Ordnung stößt die Unordnung aus. Mit dem Einen nimmt das Andere zu.

Zeit

Die Wirklichkeit ist das ununterbrochene Werden. Sich in diesem zu orientieren bedeutet, die einzelnen Ereignisse zu vergleichen. Kurze periodische Vorgänge von gleicher Größe bieten ein brauchbares Maß für die Dauer einzelner Prozesse an. Den gemeinsamen Nenner aller periodischen Vorgänge nennt man Zeit.

Das Mehrfache des Gleichmaßes erfasst die Größe, nicht aber die Richtung. Darum muss die Zeit durch die Kategorien des Werdens: der Vergangenheit, der Gegenwart und der Zukunft, vervollständigt werden. Diese sind keine Zeit sondern Zeiten, genauer gesagt der Entwicklungszustand der Wirklichkeit.

Die Vergangenheit ist eindeutig. Das Geschehene lässt sich nicht ändern. Alles an diesem ist unmissverständlich bedingt, wenn auch nicht völlig begreifbar.

Die Gegenwart ist instabil, sie „kippelt" auf dem Boden der Vergangenheit, um in der Zukunft eine der neuen Positionen einzunehmen, die wir Möglichkeiten nennen. Die Gegenwart bringt neue Ursachen hervor, die die Zukunft prägen.

Die Zukunft ist ungewiss. Sie hängt von den Umständen ab, die erst entstehen, noch nicht wirken und daher schwer erahnt noch erkannt werden können. Die Welt ist eindeutig in der Vergangenheit, erkennbar in der Gegenwart und wahrscheinlich bis ungewiss in der Zukunft. Die Zeit ist der Takt der Veränderung.

Ursache

Wir trennen das Bestimmende vom Zufälligen, die Ursachen vom tauben Gestein bis uns eines Tages die Frage überrascht, woher das Ursächliche kommt und woraus es wohl bestehe? Gibt es etwas mehr oder weniger Notwendiges in der Natur, mehr oder weniger Bestimmendes? Hat die Natur eine Wertschätzung? Bei dieser absurden Ableitung überkommen uns Zweifel. Wir werden womöglich ins Äußerste verfallen und zusammen mit einigen Sonderlingen vor uns behaupten, es gäbe keine Ursachen. Der Mensch ist der Grund aller Dinge und die

Ursache ist ein Ausdruck seines Standpunktes. Unfähig, alles auf einmal zu erfassen beschränkt er sich auf weniges, das für die Aufmerksamkeit zugänglich ist. Der Mensch denkt sich Ursachen aus, wo Ereignisse wiederholt nacheinander folgen, ohne dass das Vorangegangene an dem Nachfolgenden beteiligt ist. Auch diese Anschauung lässt sich vertreten.

Ein rauchender Zigarettenstummel im Pulverfass jagt eine Munitionsfabrik und die Hälfte einer Kleinstadt in die Luft. Was verursachte den Unfall? Die mangelnde Arbeitsschutzkontrolle? Ein übermüdeter Arbeiter oder sein Ärger zuhause? Ist die Schwäche der Friedensbewegung schuld oder die Tatsache, dass es Kriege gibt? War es der Zigarettenstummel, das Fass, die Schwerkraft, welche die Pulverkörnchen zusammenhält, damit sie gleichzeitig verbrennen? Waren es der atmosphärische Sauerstoff oder gar die Prozesse, die zur Entstehung aller Komponenten dieses Ereignisses führten?

Nimmt man wiederum an, dass alles gleichermaßen miteinander verbunden und voneinander abhängig ist, so lässt sich schlecht erklären, welchen Einfluss die Nachbarkatze oder der Krieg der Sterne in der Galaxie MX-23-455-676 auf die Vorgänge in der Munitionsfabrik hatten.

Die Verwirrung liegt an dem Wechselspiel der Situation und der Einzelheit. Die Welt bewegt sich fortwährend. Die Triebwerke der Veränderung wie Schwerkraft, Strahlung und Beschaffenheit des Raums sind zwar eindeutig definiert und global, dennoch hängen die jeweiligen Resultate von den Verhältnissen an Ort und Stelle ab. Oft genügt ein kleiner Stolperstein, um die Zukunft zu ändern. Ursachen sind einzelne Umstände, die den Fluss der Ereignisse lenken, mitunter ohne sich an diesen zu beteiligen. Das Leben, das die Freiheit zur Entscheidung besitzt, schmiedet mit den Ursachen ihre stärkste Waffe.

Ein Zigarettenstummel im Pulverfass ist ein Unfall, der weder herbeigerufen noch erwünscht ist, doch offenbart er die Macht der Ursachen und die Grenzen dieser Macht. Ein Kessel auf dem Gasherd wird stets das Wasser zum Kochen bringen. Die Allgemeingültigkeit hat damit jedoch wenig zu tun. Eine Ursache greift in die Zukunft maßgeblich ein und ändert diese. Sie vernichtet dabei die Bedingungen, unter denen sie wirksam werden kann. Eine andere Ursache, obwohl kochend, lässt die Situation selbst kalt und bleibt gültig. Es sei denn, die Situation nimmt, ihren eigenen Wegen folgend, eine neue Gestalt an. Je einschneidender die Auswirkung einer Ursache auf die Situation ist, desto größeren historischen Aspekt besitzt sie. Ihre Gültigkeit ist hiermit nicht aufgehoben, doch ihr Nutzen ist dahin. Einzelne Ereignisse mögen sich wiederholen, die Weltgeschichte wiederholt sich nie.

Sinn

Der Wunschtraum aller Alchimisten: Man gibt etwas von dem Stein der Weisen zu einer Menge aufgelöster unedler Stoffe und kann sie so in den begehrten Edelstoff verwandeln. Die zahlreichen Versuche, den „philosophischen Stein" zu finden, schlugen fehl. Dabei lag die Lösung so nah. Das Geheimnis der Umwandlung von Billigem in Kostbares ist die Sinngebung.

Das Streben zum Sinnvollen greift in den Haushalt der schaffenden Kräfte ein, um den größtmöglichen Erfolg bei geringstem Aufwand zu erreichen.

Jeder Handlung geht das Denken voraus. Die Früchte des Denkens sind Vorstellungen, Anleitungen, Formeln und Theorien, die dem menschlichen Streben Struktur und Bahn geben. Der Sinn bündelt Kräfte und die stärkere Kräfteballung überwindet die schwächere. Das Kräftemessen erfolgt im Menschen und außerhalb von ihm. Mitteilung verleiht Gedanken ein eigenes Leben. In einer Kultur leben, entfalten sich, altern und sterben Gedanken getrennt von dem, der sie schuf. Die Gesellschaft ist das Subjekt einer Kultur.

BUCH IV

DAS SOZIALE

Verworren sind die Wege der Vorsehung. An der Kreuzung der Handelswege, um einen Marktplatz oder Hafen wachsen Städte, bilden Bündnisse, weiten sich zu Reichen aus. Einst mächtig und groß, ist keines dieser Reiche von Dauer. Unbedeutende, geradezu lächerliche Vorfälle stürzen Kolosse in Fehden und Wirrnisse, führen zum Untergang. Freiheit, Ehre, Mut, Tugend – noch gestern unerschütterliche Grundpfeiler einer Gesellschaftsordnung – brechen wie Strohhalme weg. Der Granit von Überzeugungen zerrinnt zu Sand. Wenige Generationen bringen Helden, Denker und Staatsmänner hervor, denen in den nächsten Jahrhunderten keiner folgt oder auch ähnelt. Die Kulturgeschichte des Menschen besteht aus mehreren derartigen, in Zeit und Raum zerstreuten Wogen des Aufblühens und des Verfalls. Der einstige Glanz vieler heute in Elend siechender Völker stimmt nachdenklich. Jetzt, wo wir oben sind, was wird uns der morgige Tag wohl bringen? Gibt es menschliche Eigenschaften, die den Fortschritt sichern und bestimmen?

Gewöhnlich neigt eine biologische Art zu wenigen charakteristischen Formen des Sozialen. Die Verhaltensweisen der Termitenvölker, Lemminge, Herden- und Rudeltiere sind dermaßen markant, dass sie zu Sinnbildern bestimmter Verhältnisse wurden. Das soziale Streben des Menschen lässt sich nicht mit einer Formel beschreiben. Man kann auch kein Verhalten nennen, dass typisch für den Menschen wäre. Im Gegenteil, jedes in der freien Wildbahn vorkommende soziale oder asoziale Verhalten kam schon einmal in der Geschichte der Menschheit zum Tragen und prägte Epochen und Kulturen.

KULTUR

Gemessen an der Dauer der Zivilisation sind Menschen ephemere Wesen. Kaum zu etwas fähig, reißen Krankheit, Unfall oder Alter sie aus dem Leben. Eine neue, unbeschriebene Generation folgt und muss die Aufgaben übernehmen bevor sie mit diesen vertraut oder darin geübt ist.

Ein funktionierendes Gemeindewesen bedarf Lösungen, die unabhängig von Bildungsstand und Einstellungen einzelner sind. Das Gemeindewesen zerlegt das Übermenschliche in machbare Päckchen, so dass Enormes machbar, fast alltäglich wird. Wir haben einen Beruf, gehören zu einer Arbeitsgruppe, einer Gemeinde, einem Freundes- oder Verwandtschaftskreis, die alle festgelegte Forderungen an uns stellen. Inmitten des Geflechtes unbewusster Beziehungen bauen wir unseren individuellen Lebensraum auf. Es genügt dann, dass wir Pflichten gegenüber den Allernächsten erfüllen, um mit der übrigen Welt quitt zu sein. Wir befolgen Regeln, zahlen Steuern, reden nach der Sitte, gehen mit wenigen Handgriffen unseren Arbeitspflichten nach und halten eine ungeheure Kraft im Gange, ohne diese zu begreifen. So besteht und entfaltet sich die Gemeinde, der Glaube, die Kultur ohne Aufforderung, oft gegen den Willen Einzelner, trotz der Einwände einer pubertären Vernunft der Schlüssellocheinblicke.

Es ist falsch, den Sinn und die Bedeutung kultureller Gebote in ihrem Wortlaut und Usus zu suchen. Die Perfektion eines Bienenstocks ist weder im Kopf seiner Königin noch in den Köpfen lebender Arbeiter-, Kundschafter-, oder Wächterbienen verborgen. Kulturelle Einrichtungen sind ebenfalls das Resultat einer langen Evolution. Entstanden sind diese Werkzeuge nicht auf einmal. Genauso wie Hammer, Säge oder Geige wurden sie in vielen, ungleichen, oft unbeabsichtigten, nachträglich gebilligten Schritten ins Leben gerufen, ausgebessert, ihrem Zweck in Form und Beschaffenheit angepasst. In den Händen eines Neulings werden sie zu stummen Lehrern. Nach wenigen Fehlgriffen tritt der Nachfolger wie von selbst in die Fußstapfen seiner

Vorgänger ohne dass der Hintergrund sichtbar wird, dem er seine Handlungen, Vorlieben und Abneigungen verdankt.

Staatlichkeit

Staatlichkeit ist eine territoriale Einrichtung, die den Teilhaber unentgeltlich Leistungen und Freiheiten einräumt, die der Mensch nicht von Geburt an besitzt. Jeder Bürger erstattet diesen Vorschuss zurück. Er tut es freiwillig auf dem Wege seines sozialen Aufstiegs oder gezwungen über die Steuern und die Abgaben.

Der Erfolg von staatlichen Strukturen hängt davon ab wie sehr diese menschliche Entfaltung fördern, die Persönlichkeit vor dem Eingriffe kurzsichtiger Interessen schützt, keine Privilegien außer Rangordnungen der schöpferischen Kräfte gelten lässt, dem Begabten angemessenes Wirkungsfeld eröffnet, die Unzufriedenen, statt sie abzulenken, abzustumpfen und zu ermatten, zur Tüchtigkeit anspornt.

Zwang, Tausch oder Ansporn

Zank ist allgegenwärtig, Einvernehmen selten. Dennoch finden Menschen in ihrem Aus- und Nebeneinanderstreben zueinander und leisten Großes, statt in Belanglosigkeit zu versinken. Die Mittel hierzu sind vielfältig und schließen Zwang und Tausch, Einschüchterung und Ansporn ein.

Zwangsgemeinschaften verpflichten den Menschen, ohne auf seine Wünsche einzugehen, um hinterher die Gewinne auszuteilen. Das Resultat versüßt rückwirkend die Unannehmlichkeiten des Zwangs.

Im Tausch beansprucht man fremde Leistungen, während man den individuellen Wünschen und Bestrebungen des Partners entgegenkommt so, wie er es selbst wünscht und nicht, wie jemand anderes es für besser hält.

Die Einschüchterung und Ansporn konfigurieren Entfaltungsräume mit schrumpfenden oder sich eröffnenden Perspektiven.

Ob Tausch oder Zwang, Einschüchterung oder Ansporn auf kein der Werkzeuge kann die Gemeinschaft verzichten. Nicht die Mittel sind entscheidend, sondern die Ziele. Denn der Tausch und Visionen sind keine Garantie für Rücksicht und Freiheit, sondern zugleich auch ein Mittel des Betrugs. Andererseits darf man den Zwang und Bedrohung nicht verteufeln. Der Zwang ist unter anderem ein wichtiges erzieherisches Mittel, das den Lehrling ohne Umwege zum Erfolg führt. Der Zwang ist auch ein unentbehrliches Mittel jeder Disziplin und strammen Organisation. Nicht nur Armeen und Paraden, jedes Orchester, jedes Operationsteam bedarf einer Subordination. Am wichtigsten aber ist die Tatsache, dass es kein Recht ohne Zwangsausübung geben kann.

Das Recht

Der erfolgreiche Verfechter, wovon auch immer, beweist seine verbale, politische oder körperliche Schlagkraft. Das Können bedarf anderer Zeugnisse. Das Faustrecht hätschelt den Rüden und übergeht den Schaffenden. Eine Selektion des „Stärkeren" ist selbstzerstörerisch. Die Konzentration der richtenden Gewalt in einer speziellen Einrichtung befreit die Handlungsfähigkeit des Menschen vom Faustrecht. Das Gesetz beschreibt Art und Weise sowie den Umfang, in dem ein Gesetzeshüter die Bestrebungen Einzelner unterstützt, wenn diese auf Widerstand treffen. Solange keiner, Gruppen eingeschlossen, Kraft hat, sich über das Gesetz zu stellen, genügt ein Wort im Namen des Gesetzes, um den Weg frei zu räumen, ohne dass Gewalt eingesetzt werden muss.

Vom Individuum nicht direkt beeinflussbar, doch für dieses zwingend, nennen sich Gesetze eitel „das Recht". Sie tun es zu Unrecht. Die menschliche Geschichte und Gegenwart sind voll von Beispielen ungerechter Gesetze. Zu Recht werden die Gesetze erst, wenn sie der Gerechtigkeit dienen. Gerecht ist aber vor allem das, was unter gegebenen Umständen mit geringstem Aufwand der Vervollkommnung des Lebens dient.

Gerechtigkeit ist weder zeitlos noch absolut. Gerechtigkeit ist ein fortwährender Vorgang der Vervollkommnung des sozialen Daseins und daher die Angelegenheit eines Jeden. Wer das Bessere kennt, hat sich um dessen Geltendmachung zu kümmern. Fehlende oder falsche Gesetze entbinden nicht von der individuellen Verantwortung. Respekt gebührt allein dem Recht. Ungerechten Gesetzen ist in dem Maße Folge zu leisten, wie es zur Vermeidung von Gewaltentfesselung notwendig ist. Es gehört zur Pflicht, sich gegen Gesetze zu wehren, die mit dem eigenen Gewissen unvereinbar sind.

IDEOLOGIEN

Angeblich werden die britischen Gesetze nie aufgehoben, sondern einfach nicht mehr benutzt. Ähnlich ergeht es vielen geistigen Konstruktionen, die die Menschheit immer wieder ergreifen und den Einzug in das Recht und die Politik finden. Nach einer Zeit des regen Umsetzens, kühlt sich der Eifer und die Verbissenheit ab. Die zugrundeliegenden Gedanken werden nicht korrigiert, bestehen weiter, nur es finden sich kaum Menschen, die sich dafür begeistern. Sind die Fehler nicht überwunden, sondern nur verdrängt, dann kommen sie immer wieder fahnenschwenkend auf, tragen neue Gewänder und treiben altes Unheil.

Das Gutgemeinte

Wäre es nicht gut, gewaltsam eine Ordnung abzuschaffen, die bewusst und grundsätzlich auf dem wirtschaftlichen und politischen Eigennutz aufbaut?

Es stimmt, wir verdanken Mahlzeiten nicht dem Wohlwollen der Fleischer, Bauern oder Bäcker. Beim Einkaufen wenden wir uns nicht an ihre Nächstenliebe. Dennoch siegt die Menschenliebe, wenn wir „Fremde" mit Geschenken, mit den Früchten unseres Schaffens für uns gewinnen, statt sie unter billigem Vorwand zu berauben. Bist du gut, willst du das Gute, dann bewirke es, statt zu verlangen.

Wie ich dir…

Da jede Seite im Tausch einen größeren Wert anstrebt, als den, von dem sie sich trennt, müsste (so die christliche bis zur marxistischen Logik) jedes Handeln unredlich sein. Als Gegenmittel empfehlen diese das Verbot des freien Tauschgeschäfts und die Übergabe der Wertschätzung in die übergeordnete, nach der Gerechtigkeit trachtenden Gewalt. Der Wert wird nicht vom erzielten Preis abgeleitet, sondern nach frommen Formeln des gesellschaftlichen Nutzens festgelegt, die in verschiedenen Variationen Mühen und Zeit umrechnen.

Die Geschichte enthüllte mehrmals, was sich hinter diesen „Gerechtigkeitsformeln" verbirgt, dennoch fällt die Menschheit immer wieder darauf herein. Die Kontrolle des Wertes läuft auf eine totale Kontrolle des Menschen hinaus. Wer Werte vorschreibt, maßt sich an, für die Menschen zu denken, zu fühlen und zu entscheiden. Gelungen ist diese Kontrolle nie.

Gerechtigkeit beim Tausch darf nicht mit Gleichmaß gleichgesetzt werden. Was nutzt der Tausch, wenn er nicht bereichert, sondern nur verschiebt? Darf der Mann von einer Frau nicht anderes erwarten als er ihr bieten kann? Darf das Kind nicht nach der Brust schreien, weil es zu keiner Rückzahlung fähig ist? Der Tausch muss gegenseitig erweitern und bereichern, nur dann ist dieser gerecht.

Wissenschaftlichkeit

Schluss mit den Götzen, der Religion, mit den Märchen von der unsterblichen Seele. Schluss mit dem Unsichtbaren, Unfassbaren, mit dem Transzendenten! Allein das Moderne, und derzeit ist es die Wissenschaft, hat das Recht auf ein Urteil.

Mag sein, dass der Monotheismus einst gegenüber dem Schamanentum, die Wissenschaft heute gegenüber den Religionen die eine oder andere Wahrheit besser vertritt. Der Anspruch auf die Ausschließlichkeit zielt nicht auf die Hervorhebung der

Wahrheit, sondern vor allem in der Verachtung einer fremden Meinung. Die Folge war stets die Ausrottung von Andersdenkenden, zerstörte Häuser, Städte, Völker.

Verdinglichung

Der Mensch ist nicht gut oder schlecht, sondern gut oder schlecht gemacht worden. Lasst kein Streben, abgesehen von dem Verordneten zu und die Missstände verschwinden. Das Sein bestimmt das Bewusstsein. Befreit den Menschen von Widrigkeiten, gebt ihm genug Geld, leichte, abwechslungsreiche Arbeit, Wohnraum, medizinische Versorgung und er wird nur Gutes tun. Zugegeben, Menschen waren lange Zeit folgsame Schüler des Bösen, doch würde es sich lohnen, würden sie umso lieber hörige Diener des Guten sein.

Die versprochene Zuwendung besticht, will voreinnehmen, zielt aber allein auf die Unterwerfung hin.

So einfach ist das Verhältnis nicht. Was macht es für einen Unterschied, ob man dem Lebkuchen oder dem Schlagstock folgt? Wer allein guter Umstände wegen gut ist – kann nicht gut sein. Man kündigt sein Wesen nicht an, indem man wie das Wasser dem geringsten Widerstand folgt, sondern indem man sich, so wie es allem Lebendigen geziemt, über die Widerstände erhebt, inmitten und trotz aller Widerstände lebt und Möglichkeiten findet, das Gute zu schaffen. Nicht der Mangel an Mitteln, sondern der Reichtum an Vorurteilen, hindert den Menschen, das Richtige zu tun und die bestehenden Gelegenheiten zu ergreifen.

Allemunde

Es kamen viele Menschen zusammen und stimmten über Wenige ab, da diese Wenigen ihnen seltsam, unheimlich, vielleicht nur erbärmlich erschienen. Mit Nachdruck brachten sie den Sonderlingen das „gute Benehmen" bei. Ist das die begehrenswerte Demokratie? Gott bewahre.

Einst schlug Sokrates der Volksversammlung vor, darüber abzustimmen, dass Esel Pferde seien. Alle lachten. Die Heiterkeit verflog, sobald er nachsetzte: Und warum können Athener dasselbe mit Ministern, Richtern oder Generälen tun?

Sokrates liebte Gespräche. Er vermengte diese mit harmlos anmutenden Fragen. Die unaufdringliche Unterhaltung lief oft auf ernste Antworten hinaus. Er stritt nicht, belehrte und ermahnte nicht. Er überließ der Einbildung, Lüge und Verstellung das Wort und brachte das Verborgene zur Sprache. Er lebte in einer Übergangszeit von Tyranneien zur Demokratie, suchte nach Wahrheit, die für ihn ethisch war und auf eine menschenwürdige Haltung hinauslief. Seine Liebe zum „In-Frage-stellen" bezahlte Sokrates mit dem Leben. Was die Tyrannen nicht wagten, denen er mit seinen Reden persönlich zusetzte, vollstreckte die Mehrheit, der er gleichgültig war. Die Verurteilung erfolgte streng nach Regeln: Anklage, Verteidigung, öffentliche Auseinandersetzung, Widerspruch und Vollstreckung hielt man korrekt ein. Die Hinrichtung wurde in aller Ruhe vollzogen. Selbst auf Feiertage und Festlichkeiten wurde Rücksicht genommen. Gemächlich und wohlüberlegt stimmten die Athener für das Todesurteil.

Seit Sokrates Hinrichtung müsste man wissen: Die Abstimmung ist keine Garantie der Freiheit oder des Rechts. Die Abstimmung ist auch nicht zur Förderung der Selbstbestimmung und Entfaltung gedacht, zwingt der Mehrheitsbeschluss doch den Einzelnen sich fremden Entscheidungen zu beugen. „Wahl" ist eine der unzähligen Möglichkeiten der Massenlenkung. Sie ist ein Prüfstein für die widerstreitenden Gruppierungen, wie weit sie sich derzeit vorpreschen dürfen in dem was sie wollen und nicht in dem was die Menschheit will.

Die heutigen Fassaden-Demokratien sind voller Lobpreisungen für sich selbst. Sie werfen Bomben auf Zivilisten, verbrennen Kinder mit Napalm, führen Geheimgefängnisse außerhalb aller Rechtsnormen, perfektionieren Foltermethoden, inszenieren Schauprozesse und verbreiten Lügen. Für all das brauchen sie nicht geradezustehen. Wenn etwas schief geht, entlassen sie die einstigen Figuren des Schreckens mit Ehrungen, bestrafen die Aufrichtigkeit der Unschuldigen, belohnen die Teilnahmslosigkeit der Gleichgültigen, vertauschen die Bezeichnungen und setzen die alte Politik unter neuen Fahnen fort.

Was erreicht man mit „demokratischen" Wahlen:

Die Wahrheitsfindung?

Die Werke Newtons sind allgemein anerkannt. Wären sie jedoch auf die Zustimmung des Volkes angewiesen, gäbe es heute noch keine Physik der Festkörper. Wissenschaft und Politik liegen nicht weit auseinander. Politische Visionen erfordern genau so viel Verstand wie die der Physik. Wahrheit lässt sich durch Abstimmung weder ermitteln noch bestätigen.

Formen Wahlergebnisse Anweisungen für politisches Handwerk?

Der Bäcker, der Tischler, der Tänzer verdanken ihre Fertigkeiten der Anleitung durch Meister. Ihr Können holen sie nicht aus Umfragen bei ihrer Kundschaft. Der Bäcker fragt den Kunden, ob ihm das Brot schmeckt, das Geheimnis der Zubereitung sucht er woanders. Politiker sind Handwerker des Staates. Eine Meinungsumfrage trägt zum Verständnis des Backvorgangs oder politischer Handlungen wenig bei.

Bedeutet Zustimmung der Mehrheit Gerechtigkeit?

Wer das Recht dem Zuruf an die aufgebrachte Menge überträgt schürt Pogrome und Kriege. Ein Einvernehmen mit der Mehrheit macht nicht fehlerfrei, wohl aber straffrei. „Schaut doch! Ich habe das getan, was ihr beschlossen habt. Nicht ich, der Volkswille ist es gewesen." Der Täter ist in der gesichtslosen Masse vor Verfolgung geschützt. Wie bereitwillig der einzelne sich im Namen von Mitmenschen zu Abscheulichkeiten hinreißen lässt, sieht man an allen revolutionären Umbrüchen und Kriegen. Die Abgründe der Menschenseele lassen sich von der Masse multiplizieren und ins Ungeheure steigern, die Gerechtigkeit nicht. Das Gewissen und eine ausgewogene Urteilsbildung werden nicht inmitten einer tobenden Menge, sondern in der Stille der Einsamkeit gepflegt.

Wie steht es mit der Offenbarung des Volkswillens? Ist die Demokratie nicht ein eindeutiger Beleg hierfür?

Es gibt eine Wahrheit und ihre Auslegungen, es gibt den Volkswillen und dessen Äußerung, es gibt eine öffentliche Meinung und Ergebnisse einer Umfrage. Die Abstimmungen entscheiden über die augenblickliche Stimmung. Der Wille des Menschen, schon gar der des Volkes, hat wenig mit Stimmungen oder Verstimmungen zu tun, insbesondere wenn diese durch gezielte Medienmanipulation herbeigerufen werden. Der Wille des Volkes, wie der des Menschen, ergibt sich aus der Kontinuität der Selbstverwirklichung. Nicht die Ausschreitungen, sondern die resultierende Entfaltung fasst den Volkswillen zusammen.

Die Freiheit einer Staatsordnung lässt sich nicht an der Anzahl abgehaltener Abstimmungen messen. Freiheit liegt in dem tatsächlichen Gestaltungsraum, den der Staat dem Einzelnen bereitstellt, und den der Einzelne für sich erschliesst. Dort, wo das Gegenteil gesetzlich geregelt ist, wo die „demokratischen" Entscheidungen die Führer und ihr Gefolge von der Verantwortung vor den Mitmenschen und der Geschichte reinwaschen, allen anderen aber die so genannten „mehrheitlichen Entscheidungen" und die Bürde der Folgen aufzwingen, ist die Abstimmung Schild und Schwert einer Diktatur.

Wahlen sind keine Almosen an das Volk, sie dienen nicht den Wählenden, sie dienen denen, die sie in Schach halten und lenken wollen. Wahlen stechen Grenzen des Zulässigen ab, provozieren zum Widerspruch, testen wie weit man gehen kann, ohne den Zorn der Verantwortung zu begegnen.

Freiheit beginnt mit selbstständigen Entscheidungen und Taten. Freiheit endet mit dem Recht, sich über andere hinwegzusetzen. Die Unterdrückung lässt sich durch Wahlen exzellent verordnen. Die Freiheit, um zu bestehen, bedarf eines Schutzwalls des Individuums, bedarf Gesetze, die dem Einzelnen unaufgefordert Räume fürs Denken und Handeln überlassen. Räume und Rechte, die unantastbar und weder durch Tyrannen- noch Volksbeschlüsse oder spitzfindige Auslegungen zu kippen sind. Vor allem aber: Die Freiheit bedarf Menschen, die diese lieben und um nichts auf der Welt aufgeben, Menschen die sagen: Mit uns nicht!, und nach ihrem Gewissen gegen jeden Druck, auch den der Mehrheit, handeln, Menschen, die nicht bloß mit Kreuzen auf geduldigem Papier, sondern mit ihrem ganzen Leben, Taten, Werken, mit jedem Atemzug abstimmen.

Die Ermahnenden

Der Finder eines Schatzes, drängt diesen Niemandem auf. Er lebt beglückt in und von seinem Fund. Das Gleiche trifft auch auf den Finder einer Wahrheit zu. Zwingen, bekehren, ins Gewissen reden – wozu? Schon Andeutung oder Vorführung genügen. Was haben wohl die laut Ermahnenden entdeckt, da sie von überall her auf uns einreden und sich gegen Wachstum, Industrie, Gentechnik und was auch immer aufbringen wollen?
Haben wir uns tatsächlich zu weit vorgewagt und sollten umdrehen? Zu welchem Anfang? Zu dem eines Parasiten, der wir, biologisch gesehen, immer noch sind? Nicht zurück, vorwärts aus dem Tiersein hinaus sollten wir streben, auch dann, wenn es weh tut, wenn das Tier in uns leiden und winseln sollte. Haben wir keine Angst vor dem Morgen! In der Steinzeit hielt man Bronze für Teufelswerk. Später verteufelte man Eisen und pries Bronze an. Im Mittelalter wurden Müller für Teufel gehalten. Heute sitzen „Teufelsanbeter" in der Regierung und lassen überall Windmühlen in den Himmel ragen. Im 18. Jahrhundert demonstrierte man gegen die Eisenbahnen. Man hatte Angst, die Kühe auf den Feldern würden keine Milch mehr geben, wenn die Eisenkolosse donnernd an ihnen vorbeirasen. Heute preist man die Eisenbahn und verteufelt Autos.
Die Gentechnik wurde bereits bei ihren ersten unschuldigen Schritten angeprangert. Die Angst des Tieres, das ins Feuer schaut, durchzieht die Argumente der Kritiker. Das meiste davon ist nicht haltbar. Das Gen ist ein Buchstabe, ein Zeichen, kein Täter. Genauso wie einem Sammlervolk die Bauanleitung einer Atombombe nichts nützt, können die Organismen mit der DNA fremder Arten wenig anfangen. Bei verwandten Arten ist

es mitunter möglich, Hybride zu zeugen. Sie weisen jedoch schwerwiegende Fehlbildungen auf und bleiben steril. Der Grund hierfür ist, dass die gleichen Gensequenzen von verschiedenen Organismen unterschiedlich umgesetzt werden. Ins Genom fremder Organismen versetzt, wird die DNA abweichend interpretiert. Die Missverständnisse nehmen direkt proportional zur Entfernung des Verwandtschaftsgrades zu. Ein Buchbinder kann sich einen Scherz erlauben und einige Seiten eines Kochbuchs zwischen mathematische Abhandlungen einbringen. Ein Verleger kann versehentlich beim Nachdruck falsche Vorlagen benutzen und die Zahl der Hybride vermehren. Es gab Zeiten, wo Bücher von der Hand Ungebildeter abgeschrieben wurden. Ein Fehler setzte sich dann in allen weiteren Kopien fort. Neue Werke entstanden hierdurch nicht. Der Zufall ist ein schlechter Autor. Ein Leser, dem Sinn verpflichtet, setzt früher oder später alles wieder auf seinen Platz, manchmal etwas anders – nie aber zufällig oder wahllos. Der Organismus, der eine freie Wahl besitzt, geht mit seinen Genen genauso um, wie der Mensch es mit den Sätzen, die ihn nicht interessieren, tut. Er verwirft diese.

Bleiben auch wir gelassen bei den Beschwörungen von dem ewig Gestrigen. Denn trotz aller Ängste, Bedenken und Beschwichtigungen der vergangenen und jetzigen Zeit, der Weg endet nicht, wo die Zeitgenossen es meinen; er führt durch alle Hindernisse hindurch.

Natur

Die Ägypter glaubten, dass die Erde eine Kugel ist. Nach ihren Vorstellungen ist sie geboren und wird einmal sterben. Die Sterne bestehen aus dem Feuer, welches versiegend das Leben auf der Erde spendet. Die Mondfinsternis kommt, wenn der Mond in den Schatten der Erde gerät. Sie glaubten weiterhin, dass die Seele einer Wanderung fähig ist, dass der Regen aus Luftumwandlungen entsteht. Diogenes Laertius beschreibt im 3. Jahrhundert vor unserer Zeitrechnung diese und andere (aus seiner Sicht) kuriosen Verirrungen, die der einzig erwiesen richtigen griechischen Philosophie vorausgingen.

Unsere zeitgemäßen Betrachtungen sind ähnlich oberflächlich. Auch wir lächeln herablassend bei den Ungereimtheiten der Vergangenheit und bemerken die eigene Narrheit nicht. Der Begriff Natur wird seit Antike von dem Wort Geburt bzw. Entfaltung abgeleitet. Natur wäre demnach alles, was Entfaltung fördert. Wir haben die ursprüngliche Bedeutung nie gekannt. Wie ein Schüler, der bei den Hausaufgaben nachlässig war, verlieren wir uns in Auslegungen eines aufgeschnappten Wortes, statt ehrlich das fehlende Verständnis zuzugeben.

Der Wald, die Wiese, der Bach, das Zwitschern der Vögel sind Natur, soweit ist man sich einig. Und der Rest, wozu gehört der Rest? Wir sind mit Dingen umstellt, die schlecht in das romantische Bild eines Waldfriedens passen. Wo verläuft die Grenze zwischen Natur und „Unnatur"? Woher kommen unnatürliche Dinge? Kann es in der Natur etwas geben, das nicht zur Natur gehört? Was meint man, wenn man von Natur spricht? Ist Chemie etwas anderes als ein gereinigtes Naturprodukt oder sogar reinstes Naturprodukt? Sind Mehl und Zucker, aufbereitetes Wasser, reine Natur oder pure Chemie?

Der Einwand, jeder würde schließlich wissen, was Natur ist, appelliert an die Vorurteile. Die Macht des Irrtums liegt gerade in der Selbstverständlichkeit mit der seine Inhalte angenommen werden. Die Zuvorkommenheit, mit der uns Wälder und Wiesen empfangen ist keine Eigenart der Natur, sondern das Verdienst vieler vergangener Generationen. Ab und zu werden wir durch das Aufkreuzen einer Schlange erschreckt – meist zu Unrecht. Alles was uns schaden könnte, ist ausgerottet oder gezähmt. Nun können wir Maulhelden sein, ohne ein Risiko einzugehen, die Natur preisen, die längst zu einem Garten geworden ist. Anders war es im Mittelalter – die Natur stand dem Menschen feindlich gegenüber. Die Wildnis, Sümpfe, finstere Wälder und reißende Flüsse waren noch nicht gezähmt.

542 streift eine Pestepidemie Südeuropa. Sie verebbt erst im siebenten Jahrhundert. In diesen 150 Jahren sinkt die Bevölke-

rungszahl der europäischen Mittelmeerländer von 13 auf 9 Millionen. Erst zu Beginn des 11. Jahrhunderts wird sie 17 Millionen betragen. England zählt 1086 nach den Angaben des Domesday Book 1,2 Millionen, 1340 2,3 Millionen Einwohner. 1347 bis 1351 aber stürmt die Pest erneut durch Europa. Ihr erliegt ein Viertel der europäischen Bevölkerung. 1385 tritt die Pest ein weiteres Mal verheerend auf; im Durchschnitt stirbt jeder fünfte Bewohner Europas. Die Tuberkulose, auch Weiße Pest genannt, rafft die Menschen in ihrem besten Alter dahin, die Pocken, die Amöbenruhr und die Malaria, deren Verbreitungsgrenze in den wärmeren Klimaperioden weiter nach Norden reichte, stoßen die Menschen ins Grab. Die Lepra verurteilt Scharen zum langsamen Verfaulen. Milzbrand, Trichinen, Shigellen, Diphtherie forderten ihren Zoll. Die durchschnittliche Lebenserwartung im Mittelalter beträgt zweiunddreißig Jahre. Die Kindersterblichkeit ist hoch. Am Ausgang des Mittelalters zählt das Heilige Römische Reich ca. 20 Millionen, Frankreich 15, Spanien 10, England 3,5 Millionen Einwohner. Erst ab Mitte des 15. Jahrhunderts ist eine stete Zunahme der Bevölkerung zu verzeichnen.

Die Natur hat mit Gut und Böse nichts zu tun. Sie fordert unsere Feinde und Freunde gleichermaßen. Erst der menschliche Verstand macht sie zu seiner Verbündeten und nutzt hierzu alle erdenkliche Mittel.

Eine junge Frau sitzt auf der Bank. Die Sonne brennt die unbeweglichen Baumschatten in den aufgeweichten Asphalt. Doch im Halblicht ist man vor Hitze geschützt. Ein langes rosa Kleid ohne Makel, ein breitkrempiger Hut von der gleichen Farbe, weiße Schuhe an den kleinen Füßen, ein zartrosa Tuch um den Hals gewickelt, eine elegante Ledertasche in der Hand: Sie wirkt in allem wie eine Figur auf den Bildern französischer Impressionisten, bezaubernd und geheimnisvoll. Nur es gibt kein Geheimnis zumindest kein gutes. Die Mauern des Krankenhauses im Hintergrund und ein Rollstuhl neben der Bank verraten, was die Hüllen verbergen: ein von der Chemotherapie aufgedunsenes Gesicht, einen haarlosen Kopf, einen Körper voller Qualen.

Warum verschwendet diese Frau ihre knapp bemessenen Kräfte? Wozu diese ungeheurere Anstrengung des Kleidens und Schmückens bei einem Menschen, der nicht mehr ohne fremde Hilfe aus dem Bett kommt? Vor wem will diese Frau das Unabwendbare verbergen?

Sie verbirgt nichts und die anderen gehen sie wenig an. Angewidert von dem, was sie zu sein scheint, aber nicht ist, sucht sie das auszubessern, was die Natur verpfuscht hat. Hätte sie einen winzigen Bruchteil der Kräfte über die ihre Körperlichkeit mit Milliarden von Zellen, Genen, Hormonen etc. verfügt, welche Wunder würde sie vollbringen! Sie ist machtlos gegen die Verwandlungen ihres Körpers, doch sie gibt nicht auf. Mit wenigen Handgriffen und sorgfältig geordneten Kleidungsstücken verwandelt sie ein Wrack in ein bemerkenswertes Kunstwerk. Ein Mann kann angeblich nicht nachfühlen, was in einer Frau vorgeht, verstehen kann er sie sehr wohl.

Was ist abstoßender als eine natürliche Krankheit – Pest, Tollwut, Cholera – und natürlicher als eine medikamentöse Behandlung? Was ist unnatürlicher als die Kurzsichtigkeit und selbstverständlicher als eine Brille? Widerlich sind „Naturvölker" neben der Zivilisation: Sklaven, Selbstverbrennungen, hungernde Kinder, Militäreinsätze und Ausnahmezustände in einer Welt mit Radio, Computern und Weltraumsonden.

„Natürlich" ist ein anderes Wort für das Leben fördernde: Sport, Wissen, Sauberkeit, Trinkwasser, Autos, befestigte Wege. Ob Musik, Lasereffekte, Fernseher, Zucker, Mehl, Waschmittel, Kleidung. Es kommt auf die Folgen, nicht auf die Quelle oder die Beschaffenheit an. Natürlich ist, was unserem Wesen entspricht und die Vervollkommnung fordert. Selbstverständlich ist dabei nichts. Man kann nicht den Weg zurück zu der Natur beschreiten. Zur Natur kann man nur vorauseilen. Entscheidend dabei ist, dass man das Beste vom bisherigen mitnimmt. Die Gattung Homo sapiens ist draußen entstanden. Noch vor zweitausend Jahren waren sein Heim der Wald, die Wiese, Höhlen,

Küsten und Felsen. Die menschlichen Sinne sind auf das Rauschen der Wälder, Plätschern des Wassers, das Grün der Wiese, auf den Morgentau, strahlende Sonnenaufgänge, hüllende Kleidung des Nebels und die Stille der Dämmerung eingeschärft. Der Schrei der Eule, das Kreisen des Adlers, die funkelnden Gestirne des Himmelsgewölbes ziehen ihn an. Doch davon sieht der Gegenwartsmensch wenig. Stattdessen ist er in enge Käfige beheizter Stadtwohnungen eingepfercht und quält sich in der abgeschlossenen Kiste eines Autos/Busses zum Betonwürfel seiner Arbeitsstätte. Die Auflehnung ist verständlich, die Resultate grüner Experimente und Maßregelung sind meistens den Hoffnungen entgegengesetzt. Der Mensch ist ein Risiko, der Mensch ist ein Problem für die Wildnis und so wird dem Menschen als einziger Spezies das Anrecht auf das Leben im Grünen aberkannt. Man will hierdurch die wilde Natur schützen. Es geschieht zum Leidwesen des Menschen und der Natur.

Es gibt keine Alternative zu einer Kulturlandschaft. Die menschlichen Wohn- und Arbeitsstätten müssen statt zu verwildern in blühende Gärten verwandelt werden. Eine bloße Nachahmung und Ausgrenzung helfen nicht.

Mittelalterliche Gelehrte waren stolz auf die ersten Maschinen. Stellten sie ihre mechanischen „Monster" neben die der Natur, so wirkte die Grobheit neuer Bauformen beschämend. Die Werke der Natur schienen vollkommen – nichts Überflüssiges zu enthalten und von allem genug zu haben. Wir wissen inzwischen, dass die Natur keine Zaubersprüche kennt. Auch sie verrennt sich oft und weiß nicht weiter. Ihre Vollkommenheit resultiert aus einer Milliarden Jahre langen Anpassung, einem widersprüchlichen Prozess voller hartnäckigem Schleifen, Feilen, Bohren an allem, was die Erfindungskraft hervorruft. Solche Zeiträume stehen uns nicht zu Verfügung. Dennoch brauchen wir unsere Werke nicht zu verstecken. Viele unserer Schöpfungen können sich inzwischen mit der Vollkommenheit der Natur messen. Die Nachahmungen wirken dagegen grotesk, wie ein mit Acrylfarbe grün gestrichener Rasen. Das Natürliche ist alles andere als festgesetzt. Es ist im Gegenteil die größte

Kunst überhaupt, „natürlich" zu sein, ohne Verkrampfung zu wachsen, zu handeln, zu denken. Wie viel Grazie kann eine einfache Geste enthalten – schwungvoll und leicht! Und wie schwer erreichbar ist genau diese Leichtigkeit! Wir werden nicht das letzte Mal über das staunen, was schon immer neben und in uns greifbar lag und doch übersehen wurde. Nach Jahrtausenden kommt ein Namenloser aus der Vorstadt und zeigt Stepptanz, macht Rock`n`Roll oder führt Breakdance vor, spricht, schreibt oder dichtet und es wird jedem klar, dass diese neue Art sich zu bewegen, zu denken und die Welt zu sehen, die natürliche ist. Umgekehrt, alles was als natürlich galt, bekommt einen Abzug, wirkt nunmehr unnatürlich, gezwungen. Über Werke, die in Jahrmillionen der Evolution geformt wurden, stehen solche, die die heranbrechenden Zeiten formen werden. Dieses Anrecht auf die Zukunft, die einem zarten Trieb der Butterblume ermöglicht, die Asphaltdecke eines Gehwegs zu sprengen, bildet das Eigentliche der Urwucht, die wir bei der Natur bewundern.

Verweilen wir ein Weilchen bei dem, was man als unnatürlich schmäht. Der blinde Fisch Proteus anguis, Bewohner dunkler Grotten, führt den Hochzeitstanz so aus, wie seine Vorfahren es getan haben. Er ahnt nicht, dass seine Partnerin ihn nicht sehen kann. Auch das eigene schäbige Aussehen entgeht ihm. Die Gattung hat ihr Sehvermögen vor einigen Millionen Jahren eingebüßt. Das Verhalten des Fisches hat Flossenfarbe und Augen überlebt. Man kann mehrere Beispiele nennen, in denen das Verhalten sich zäher erweist, als der augenblickliche Bedarf oder sogar die körperlichen Voraussetzungen. Das groteske Beharren an dem Überholten macht das einst Zweckmäßige zu einer Posse. Der Mensch schleppt viele solcher Rudimente mit: Aggression, Eitelkeit, Selbstherrlichkeit. Besteht unser Erwachsenwerden nicht im Testen und Abschütteln von Verhaltensweisen und Einstellungen, die sich fürs Mensch-Sein unnötig, ja lästig erweisen? Muss nicht jeder Reifende erst einmal den gleichen Fehlern verfallen, um diese zu überwinden und kann man ein Kind, ein Menschenkind, anders davor bewahren, als dass man es auf die Fallgruben zusteuert und die Folgen der Fehlschritte im Kleinen zeigt? Lehre besteht unter anderem im Proben von Situationen, in denen man versagen würde, wäre man den gemeinen Sinnen und Trieben gefolgt. Die Übung mag unnatürlich wirken, sie hilft jedoch, den Ernst zu vermeiden.

Das aufsteigende Bürgertum ging bisweilen zu weit. Der puritanische Versuch, alles Überflüssige, alles Sinnlose zu unterdrücken, brachte schlimmere Blüten, als die Freizügigkeit aller Laster hervor. Man hatte die Feder überspannt. Der gerade Weg durch die Dornenhecke ist nicht der schnellste. Die Kraft des Instinktes pflegt zu steigen, wenn man seinen Weisungen trotzt. Und wozu? Man unterdrückt den sinnlosen Bartwuchs nicht. Man ignoriert ihn oder noch besser, man lässt den Bart wachsen oder rasiert ihn täglich ab. Wann lernen wir es, ähnlich gelassen mit unseren Instinkten umzugehen?

Die Kunst und das Künstliche

Die Einteilung in Natürliches und Künstliches, scheint in der Gegenwart die gleiche Bedeutung zu erlangen, wie eine Trennung in Herren und Sklaven, Tätigen und Ausbeuter Jahrhunderte davor. Was ist aber die Kunst und was macht das Künstliche aus?

Wir stöbern gern in Kisten und Schränken von Dachkammern und Abstellräumen. Mitunter kommen wahre Schätze zum Vorschein: Ein altes Musikinstrument, eine Spindel, eine Postkarte. Abgelegt und vergessen zwischen dem Ramsch haben diese Gegenstände unverbraucht die Zeit überstanden. Die Gegenwart nahm ihnen den Beigeschmack des Notwendigen. Eile, Arbeit, Pflichten, Kosten, alltägliche Sorgen, die den Besitz und die Handhabung dieser Gegenstände begleiteten, sind vergessen. Geblieben ist die Darbietung des Machbaren oder die reine Kunst. Monumentalbauten und Filigranarbeit, Bilder, Linien, Farben, Charaktere, Formen eines Gefäßes, eines Tisches, eines Stuhls – die Kunst ist ein Denkmal des Könnens, eine Demonstration der eroberten Zweckmäßigkeit, die Offenbarung der gestalterischen Macht des Schöpfers, Ansporn und Mittel zur eigenen Vervollkommnung zugleich.

Das Können, das statt Werte zu schaffen diese vorgaukelt, verkehrt zur Künstlichkeit. Fälschung oder der Ersatz des Echten durch das Künstliche, hat eine lange Vorgeschichte. Es gab Zeiten, die eingebettet waren im Fälschungswahn. Nach den Reliquien zu urteilen, die einst an verschiedenen Stellen Europas aufbewahrt wurden, müsste man annehmen, dass der Leib Christi sich nach seinem Tode massiv vermehrte. Die Archive sind mit mittelalterlichen Urkunden und Zeugnissen gefüllt, deren tatsächliches und angegebenes Verfassungsdatum um Jahrhunderte abweichen. Geld, Gold, Edelsteine, Kunstgegenstände – alles, was Wert besitzt, wurde schon einmal gefälscht. Was ist aber künstlich am Nylon, an Schwermetallen und radioaktiven Isotopen, an elektronischen Bild- oder Musikreproduktionen?

Das Künstliche besteht nicht im Hervorbringen von Neuem, sondern im vorsätzlichen Handeln mit dem Schein. Ein Chemiker, der einen Süßstoff entwickelt, zeugt von der Kunst seines Faches, ein Arzt, der diesen zur Behandlung der Zuckerkrankheit einsetzt, stellt seine Heilkunst unter Beweis. Wer den Lebensmitteln Farb- und Geschmacksstoffe zusetzt, ohne darauf hinzuweisen, wer eines billigen Vorteils wegen Erkenntnisse zum Schaden der Menschheit anwendet, setzt Künstliches anstelle der Kunst.

BUCH V

WIRTSCHAFT

Wirtschaft baut auf den Eigennutz – diese Formel steht am Anfang moderner Wirtschaftstheorien. Das Zeitalter der Industrie begann mit der Zerstörung traditioneller Abhängigkeiten. Ein dienliches Werkzeug hierfür war der Egoismus. Dieser übernahm die Dreckarbeit. Im Übrigen ist die Formel falsch. Die Wirtschaft ist auf dem menschlichen Streben zur Entfaltung aufgebaut. Einzelne Äußerungen dieses vielschichtigen Strebens hängen von den Umständen ab. Behindert die Gemeinschaft die Entfaltung Einzelner, ziehen diese den Eigennutz der Kameradschaft vor und umgekehrt. Ob Eigennutz oder Gemeinsamkeit, die Ausrichtung des wirtschaftlichen Lebens ist stets die gleiche. Betrachten wir die einzelnen Bausteine der Ökonomie aus der Sicht der Lebensentfaltung und räumen Vorurteile aus, die das Verständnis von an sich einfachen Zusammenhängen behindern.

Wert

Man kommt zu Werten durch Mühen, dennoch besteht der Wert nicht in der Arbeit. Besäßen Arbeit und Mühen an sich einen Wert, so wären Liegestütze und Kniebeugen die wertvollste Beschäftigung. Das Gegenteil ist der Fall. Wenn der Wert etwas mit Arbeit zu tun hat, dann in dem Umfang der Mühen, die er überflüssig macht.

Wert ist ein anderes Wort für Bedeutung, für die Erfüllung des Lebens mit Freude und Sinn. Der Wert besteht in der Fähigkeit, uns die Zukunft zu erschließen. Der Wert macht das Ersehnte greifbar, das Erträumte wirklich.

In der Politökonomie hat der Wert eine engere Bedeutung. Die Ermessensgrundlage besteht hier in dem vermögensbildenden Beitrag. Leistung, Position, ein glücklicher Gedanke, ein Gegenstand – alles, was das Vermögen mehrt, hat einen Wert, der dem Vermögenszuwachs entspricht. Die Arbeit, die Mühen sind ein notwendiges Übel. Sie ermöglichen den Wert und setzen ihn zugleich herab. Je größer der Aufwand, desto weniger ist die Sache die Mühe wert.

Preis

Wirtschaften heißt, im Streben zum Glück Ziele setzen, nach Gelegenheit ausschauen, mit Verfügbarem haushalten.
Ökonomische Gesetze untersuchen Zusammenhänge, die unabhängig von den Bewegmotiven Einzelner sind. Jeder sucht sein Vermögen zu mehren. Die Wirklichkeit bietet Gelegenheiten, die Gemeinschaft stellt Mittel bereit, die Persönlichkeit mobilisiert das Können und die Einsicht dazu. Aus der Fähigkeit, die Gelegenheit mit den verfügbaren Mitteln und mit Können zu ergreifen ergibt sich der Anspruch. Gemessen an den persönlichen Zielen, erscheinen einige Gelegenheiten mehr oder weniger wertvoll, die verfügbaren Mittel muten nützlich, störend oder begehrenswert an. Man ordnet diese entsprechend seinen Zielen.
In Gesellschaft muss man bei allen Ansprüchen einer fremden Wertschätzung Rechnung zu tragen. Kreuzen sich die Bestrebungen, ist die Auseinandersetzung unausweichlich. Je begehrter etwas der jeweiligen Seite erscheint, desto hartnäckiger das Tauziehen. Der resultierende Aufwand der Besitzergreifung und Erhaltung ist der Preis des materiellen oder immateriellen Gegenstandes.

Vermögen

Gewöhnlich stellt man sich das Vermögen gegenständlich vor. Immobilien, Bankkonten, Aktienanteile schieben sich vor den Kern der Sache. Das Eigentliche, das Können, die Befähigung, etwas zu bewirken oder in Gang zu halten, tritt vor diesen Zweckvorrichtungen zurück. Nun, vom Menschen getrennt oder in die falschen Hände geraten, werden diese Wichtigtuer zu nutzlosem Ballast. Der Finder einer Truhe mit Aktien der

Reichsbank kann die Gefühle des Sparers nicht verstehen, der diese vor dem ersten Weltkrieg zusammenträgt. Der Hausierer sortiert vergilbte Handschriften von Leonardo da Vinci getrennt von bunten Bildheften zur Makulatur, da sie weniger Ertrag bringen. Ob es sich um einen scharfen Verstand, Bildung, Geschick oder materielle Gegenstände handelt, der Besitz an diesen trägt zum Vermögen im gleichen Maße bei, wie er zum Umfang des Machbaren beiträgt. Dieser Beitrag fällt von Mensch zu Mensch, von Land zu Land, von Epoche zu Epoche unterschiedlich aus. Daher hat jeder Besitz neben dem eigenen vermögensbildenden Wert einen Marktwert, das heißt, er ist für andere Menschen von Bedeutung. Der einlösbare oder der Marktwert des Besitzes ist die äußere, die sichtbare und zugleich messbare Seite des menschlichen Vermögens.

Tauschwert

Kann man mit dem eigenen Besitz weniger anfangen als ein anderer, liegt der Eigenwert einer Sache oder Leistung unter dem des Marktwertes, so entsteht ein Anreiz zum Tausch, der gegenseitig gewinnbringend ist. Der eine gibt sein Können, der andere Land, noch ein Weiterer Werkzeuge: alle Teile, sofern sie zur Vermögensbildung beitragen, wiegen einander im Tausch auf.

Bedarf

Menschen suchen Glück. Was sie weiterbringt, erzeugt Freude, was ihre Kräfte bindet, Sättigung. Überforderung ruft Müdigkeit und Ablehnung hervor.

Bedarf ist das Maß der Aufnahmefähigkeit von dem zur Entfaltung Notwendigen ohne Sättigung oder Überdruss.

Bedarf ist wählerisch. An einer Festtafel voller Leckerbissen stürzen wir uns nicht auf den Kartoffelsalat, wohl wissend, dass die Augen größer als der Magen sind. Je hastiger man dem Appetit nachgibt, desto schneller kehren sich Gaumenfreunden in Übelkeit und Brechreiz um. So steht es mit jedem Streben. Vieles ist wertvoll und wir sind uns des Wertes durchaus bewusst, dennoch werden wir nicht in Versuchung kommen, den Buckingham Palast oder Leonardos Mona Lisa zu kaufen. Selbst wenn es uns gelingen würde, das Geld dafür aufzutreiben, würde der Kauf uns nicht bereichern. Wir würden in Höhe der Ausgaben ärmer, vielleicht brächten uns die Schulden ins Gefängnis oder Armenhaus. Gewinne, die über den jedem zugänglichen ideellen Wert hinausgehen, bleiben aus. Wir können mit diesen Gegenständen nichts anfangen, dass ihrem tatsächlichen Wert entspricht, wir haben keinen Bedarf zum verlangten Preis.

Von gleichen Überlegungen geleitet, laufen wir an protzigen Schaufenstern vorbei, bewundern mal diese, mal jene Ware ohne sie zu kaufen oder auch nur daran zu denken, obwohl die Angebote an ihrem Wert gemessen vielleicht sogar ausgesprochen billig sind. Der Mensch wird in seiner Verwirklichung vom Wert angezogen und vom Bedarf gelenkt. Das Streben muss sich decken und darüber hinaus erweitern. Vieles ist wertvoll, doch angesichts des jeweils Machbaren nur weniges erstrebenswert. Die Ungerechtigkeit des Marktes besteht in dem Umstand, dass man von ihm nicht mehr erwarten kann, als hierfür ein Bedarf besteht. Darum werden niedrige Werte mitunter hohen vorgezogen und Erhabenes findet keine zureichende Würdigung durch die Gegenwart. Was nützt der Urgesellschaft die höhere Mathematik? Was hat eine Ameise von der Atomlehre? Das Wissen muss für den „Eigennutz" verdaulich sein. Tauschangebote, die den Menschen bereichern, seine Aufwendungen senken, seinen Geist stärken, sein Vermögen steigern, wecken zugleich Bedarf. Es geht auch anders. Wird dem Menschen etwas vorenthalten, so schätzt er mangelnde Elemente umso mehr, je stärker dadurch seine Entfaltung behindert wird. Das Verlangen nimmt zu. Der Umfang dessen, was der Mensch sich leisten kann und mit ihm der Bedarf, schrumpft. Man lebt vom Saatgut künftiger Ernten.

Markt

Orientbasar: Lärm, farbige Stände, Kitsch und Kostbarkeiten neben und übereinander gehäuft. Kaufleute preisen ihre Ware und schmähen die Konkurrenz. Gauner spähen leichte Beute aus. Es wimmelt von unbekannten Gesichtern. Wie anders wirkt ein Zeitungskiosk, dessen Verkäufer seit dreißig Jahren an gleicher Stelle die bunten Blätter auslegt. Wie verschieden fühlt man sich in einem klimatisierten Supermarkt oder in einer Boutique vor Schaufenstern voller Glanz und abschreckender Preise. Die Gegensätze sind scheinbar. Sowohl Aufdringlichkeit als auch schlichte Zurückhaltung dienen dem gleichen Zweck. Sie suchen Würdigung für die angebotenen Werke und sprechen dabei verschiedene Zielgruppen an. Feilscht man vorlaut oder berät man zurückhaltend und sachlich, verteilt man Kataloge oder gestaltet Webseiten – die Unterschiede sind äußerlich, vielmehr noch: entwicklungsgeschichtlich.

Die Vielfalt der Angebote, Tiefe und Oberflächlichkeit der Beratung, Ernst und Verstellung, der Wunsch sich hervorzuheben und die verständliche Hoffnung auf ein Schnäppchen trüben die Übersicht. Die Fehlentscheidungen flüstern den Enttäuschten zu, dass der Betrug den Markt regiere und jedes Unternehmen nach Kräften bemüht sei, den Verbraucher zu überrumpeln. Wäre es so, dann wären Firmen, die zunehmend schlechtere Autos, Fernseher, Waschmaschinen oder Werkzeuge herstellen, die erfolgreichsten. Das Gegenteil ist der Fall. Denn jeder Teilnehmer, der Entscheidungsfreiheit besitzt, ist ein Garant der fremden Ehrlichkeit. Man fällt selten zweimal auf den gleichen Trick herein. Von Betrug und Betrügereien lässt sich nicht anhaltend leben.

Eigentum

Es gibt eine Prüfung, der sich niemand entziehen kann. Die Anderen mögen dein Werk für gelungen halten. Die fremde Anerkennung ist ein schwacher Trost, für den, der weiß, dass er Besseres kann. Die Verantwortung vor dem Gewissen ist das

Eigentümliche am Menschen. Der Bereich, in dem sich das Eigentümliche ungestört entfalten darf, ist das Eigentum. Ungestört?

Ungestört ist nicht einmal das Denken. Man wird gelenkt, kontrolliert, manipuliert, so oft man in Berührung mit Anderen kommt, nicht unbedingt böswillig, sondern weil Meinungen unterschiedlich ausfallen.

Die Kraft der Persönlichkeit erlaubt, das eigene Denken der Einmischung zu entziehen. Man bricht die Beziehungen zum Alltäglichen ab, entfernt sich vom Tumult der Ereignisse, damit eine vage Vorstellung zu einer Gewissheit heranreift. Die Tat hat es schwerer. Sie bedarf der Mittel und Duldung von Mitmenschen. Dort, wo jeder etwas zu sagen hat und gefragt werden möchte, ist das Können gelähmt.

Die Zugeständnisse der Allgemeinheit an den Besitz von Mitteln der Gruppen- und individuellen Entfaltung heißen Eigentum. Eigentum ist weder Diebstahl noch Verantwortung, sondern eine Regelung von Befugnissen, die das Vermögen denjenigen zuspricht, die zu dessen Mehrung maßgeblich beigetragen haben. Die Frage: „Warum Eigentum?", stellt sich also nicht. Ohne Eigentum gibt es keinen gesellschaftlichen Reichtum. Wichtig ist, wie man zu Eigentum kommt und welchen Zielen es dient.

Gedenkt man dem vom 16. bis 18. Jahrhundert marktwirtschaftlich prosperierenden Sklavenhandel, so wird deutlich, dass Eigentum gleichermaßen der Versklavung und der menschlichen Entfaltung dienen kann. Eine Selbstregulierung des Marktes sagt nichts über die Richtung, in die sich der Markt entwickelt. In Zeiten der Enge konzentriert sich das Eigentum in den Händen der das Wachstum würgenden Oligarchie. In Untergangszeiten fördert Eigentum Despotien, welche sich jeweils zu einem eigenen Wirtschaftsfaktor entwickeln, in Zeiten des Aufblühens wird das Eigentum in schöpferischen Unternehmungen erschaffen und fließt in diese zurück. Setzten wir uns menschenwürdige Ziele, das Eigentum, die Mittel hierzu, werden sich dann schon finden.

Die Finanzen

Geld ist ein Transportmittel des gesellschaftlichen Vermögens. So wie der Blutkreislauf dem körperlichen Wachstum dient, dient der Geldkreislauf der Entfaltung des Marktes. Die Krankheiten der Finanzen sind nicht weniger komplex, als die des blutbildenden Systems. Anämie und Geldknappheit, Polyzytämie und Überschuss an zirkulierenden Geldmitteln lassen sich nicht ohne Einsicht in die ihnen zugrunde liegenden Vorgänge behandeln.

Geld

Eines Tages werden wir Zeugen seltsamer Vorgänge. Eine fliegende Untertasse landet am Straßenrand. Ein sonderbares Wesen steigt aus und watschelt auf den Verkaufsstand zu. Es will sich vor der Abreise ein paar Souvenirs besorgen. Nacheinander reicht es dem Verkäufer eine digitale Zauberflöte, eine Uranuhr, ein 3D-Tischleindeckdich, doch der lehnt engstirnig ab. Der Besucher ist entsetzt. Schließlich bietet er Unschätzbares für eine Bagatelle. Nur wie macht er es dem Verkäufer klar? Die Beschränktheit des Verkäufers zwingt den Fremdling Bürgschaften einzuholen. Er sucht jemanden, dem sein Angebot so bedeutend erscheint, dass er im Tausch eine Verpflichtung eingeht, an deren Einlösung der Souvenirverkäufer nicht zweifelt. Die Verpflichtung könnte ein Wort sein, wäre das Wort verlässlich. Fehden, soziale Umbrüche und Naturkatastrophen durchkreuzen selbst ehrlich gemeinte Absichten. Damit das Versprechen geltend bleibt, wird es durch ein Wertpfand gesichert, das auch künftig bei mehreren Marktteilnehmern eingelöst werden kann. Versagt der eine, kommen andere dafür auf. So wird die Bereitschaft, sein Vermögen bereitzustellen, zu einer allgemeinen Währung.

Geld gegen Leistung oder Besitz einzutauschen, heißt eine Bürgschaft des Marktes auf Gegenleistung einholen. Mit Geld bezahlen, heißt die Bürgschaft des Marktes einlösen. Geld ist ein Leistungspfand des Marktes.

Ein Kamel, ein Schafsfell, ein Steinbeil – die ersten Währungen sind Gebrauchsgegenstände. Die Breite des Abnehmerkreises, die Bequemlichkeit der Handhabung und ihre Verfügbarkeit regeln den Zahlungsverkehr. Ideal sind diese Zahlungsmittel nicht. Der Wert von Gebrauchsgütern schwankt. Bei der Vermögensakkumulation wächst der Aufwand der Erhaltung gleichartiger Gebrauchsgegenstände steiler an als der angesammelte Wert.

Das Geld als Pfand muss keinen eigenen Gebrauchswert haben. Die reinen Pfandwährungen geben statt des Wertes die Mühen in Zahlung (eigene oder kollektive), die erforderlich wären, um die entsprechende Menge an Geldmitteln zu besorgen. Auf diese Weise sind einst riesige Steinmünzen entstanden, die Niemand heben konnte. Die behauenen Steine dienten der Pfändung. Ihr Gewicht schützte vor Diebstahl. Tragen musste man die Steine in der Regel nicht. Die tonnenschweren Münzen wechselten Besitzer ohne, dass man diese hin und her bewegte. Man bekam die steinernen Zahlungsmittel entweder im Tausch oder durch schwere Arbeit. Die Fälschung einer solchen Währung war ausgeschlossen, denn der Aufwand ihrer Herstellung war selbst für den geübten Fachmann das zu verpfändende Leistungsmaß. Die Nachfrage nach der Währung regulierte deren Menge. Wurden zu viele Steinmünzen produziert, sank der Tauschwert unter den Aufwand der Herstellung. Stieg die Nachfrage, stiegen sowohl der Lohn des Herstellers als auch der Produktionsanreiz.

In der Steinzeit war der Beschaffungsaufwand der Steinmünzen anhaltend stabil. Der metallische Meißel machte den Steinmünzen den Garaus. Die Verehrung, die der Mensch dem Stein entgegenbrachte blieb in der Monumentalkunst folgender Epochen erhalten, so wie eine Vergoldung der Gegenstände längere Zeit als Ausdruck der Schönheit galt. Ähnlich erging es dem

Eisen und der Eisenwährung. Einst wertvoller als Gold, hat das Eisen jetzt nur noch Schrottwert. Bernstein, Kupfer, Silber, Gold, Diamanten, Platin – die Aufwandswährungen sind empfindlich gegenüber der Entwicklung der Produktivkräfte. Zucker, billig aus Holz hergestellt, drückt den Preis erst, wenn der Bedarf übersättigt ist. Die Aufwandswährungen haben keinen Eigenwert. Die glaubwürdige Nachricht, dass man Gold beinahe kostenlos aus Sand gewinnen kann, würde es schlagartig wertlos machen, auch ohne ein einziges zusätzlich verkauftes Kilo. Die meisten der einstigen Aufwandswährungen sind daher in Misskredit geraten und haben ihre Bedeutung längst eingebüßt. Allein das Gold hält seine Stellung.

Gold

Ein Herrscher wünschte sich leichtfertig, es werde alles zu Gold, was er anfasse. Der Wunsch ging in Erfüllung und endete böse. Die Sage ist alt und jedem bekannt. Dennoch vermochten keine Gründe der Vernunft die Stellung des Goldes zu erschüttern. Jahrtausende verschworen sich mit ihm. Die Regierungen kommen und gehen, Weltordnungen versinken in Schutt und Asche. Das Gold bleibt.

Das Metall ist weich, leicht zu handhaben und schwer zu fälschen. Es ist chemisch stabil. Ein auf dem Acker vergrabener Schatz ist in mancher Hinsicht einem Schließfach in der Schweizer Bank überlegen. Der Beschaffungsaufwand blieb über Jahrtausende hoch, hoch blieb auch die Sicherheit, die das Gold dem anvertrauten Wert bietet.

Erst das 20. Jahrhundert brachte das Gold als Währungsmittel in Misskredit. Wächst der Leistungsumsatz eines Marktes schneller als die Goldförderung dem Bedarf an zirkulierenden Währungsmitteln nachkommt, so steigt der Goldpreis. Vom Goldfieber gepackt, greifen Menschen zum Spaten und ziehen hinaus, um die verfügbare Goldmenge mit der erforderlichen in Einklang zu bringen. Menschenleben und Schicksale werden der Anhäufung ungenutzter Metallvorräte geopfert – letztendlich umsonst. Die natürlichen Vorkommen an Gold können nicht den Bedarf an Währung für eine schnell wachsende Wirtschaft decken. Im anhaltenden Preisauftrieb wird das Sammeln vorteilhafter als das Ausgeben. Das Gold entzieht sich dem Zahlungsverkehr. Wiederkehrende Zusammenbrüche der Geldzirkulation folgen.

Mit Beginn des zwanzigsten Jahrhunderts wurden neue Währungsgarantien dringend erforderlich. Die Welt wurde reif für Zentralbanken – Krediteinrichtungen, welche die Stabilität der Zahlungsmittel überwachen und an dieser Stabilität existentiell interessiert sind.

Kredit

Mutter Natur legt dem Menschen weder Vermögenswerte, noch Berufserfahrungen in die Wiege. Das Neugeborene ist hilflos und nackt. Es hat aber auch ein Gut, das man eintauschen kann: die Lernfähigkeit, das Unverbrauchtsein, den Eifer und vor allem die Lebensdauer.

Ein Kredit ist ein Tauschgeschäft, bei dem Vermögen zeitlich, gegen Teilhabe an künftigen Gewinnen bereitgestellt wird. Der Kredit begleicht heutige Ausgaben aus künftigen Einnahmen und ermöglicht dort Wachstum, wo dem Menschen die Mittel fehlen.

Banken

Banken leben von der Vermehrung des geliehenen Vermögens. Der Gläubiger überspringt die Zeit der Vermögensakkumulation, die Bank lässt sich ihre Kompetenz bezahlen. Eine sinnvolle Vergabe von Kreditmitteln stärkt die Geldrückflüsse und die Handlungsbasis einer Bank.

Das Kreditwesen ist alt. Ein Bauer, der im Frühling dem Nachbarn mit Saatweizen aushilft und im Herbst das Mehrfache von der Ernte zurückerhält, ist einer der unzähligen Vorläufer. Käme er auf die Idee, seinen Lebensunterhalt gänzlich durch Verleih zu bestreiten, hätte er schnell entdeckt, dass die Vermögensgegenstände unhandlich, aber auch entbehrlich sind. Die Saat, zu Kreditzwecken vergeben, bleibt als schriftliche Abmachung zurück. Diese Abmachung könnte der Bauer als Zusicherung eines Ernteanteils an die Kaufleute abtreten, ohne die Ernte abzuwarten. Schließlich hätte er es nur noch mit Verbindlichkeiten, nicht aber mit Gegenständen zu tun.

Die Bank geht eleganter vor. Sie schreibt auf einen schwer zu fälschenden Träger (Papier, Münze, Plastikkarte, in einer Computerdatei) eine Zahl und setzt diese Zahl ins Verhältnis zu einem bestimmten Vermögen. Die Bank verpflichtet sich, den Wert der Geldeinheit zu decken und schafft somit einen universellen Vermögensersatz.

Die ersten Deckungen bestanden in jederzeit einlösbaren Wertgegenständen wie Edelmetallen. Ihre Verfügbarkeit in der Bank schuf Vertrauen und stabilisierte den Wert des Papiergeldes. Mit Einführung der Staatswährung wurden Vorräte an Gold oder Vermögensgegenständen in der Bank überflüssig. Die modernen Kredite bestehen in einer schriftlichen Anweisung an ein Marktvermögen. Gläubiger kaufen mit den Kreditmittel auf dem Markt ein. Sie müssen wiederum Leistungen auf dem Markt anbieten, um ihre Kredite zurückzuzahlen. Das Leistungsangebot der Schuldner auf dem Markt bildet innerhalb des Währungsgebietes die Gelddeckung.

Nationale Währungen

Je größer die Bank, desto größere Unternehmen kann sie finanzieren. Je gewinnbringender die Geschäfte, desto stärker die Kreditkraft der Bank. So kommt es, dass größere Unternehmen größere Banken aufsuchen und die Banken wachsen umso schneller, je kräftiger ihre Schuldner sind. Die wirtschaftliche Macht hängt von der Leistungsfähigkeit der Kreditinstitute ab.

Mit dem Gold als „Maß des Vermögens" waren Banken grenzüberschreitend. Jeder, der diese „universellen" Sicherheiten besaß, konnte weltweit als Kreditgeber auftreten. Das Vertrauen galt dem Gold und nicht primär der Finanzeinrichtung. Der Umfang flüssiger Kreditmittel war jedoch an die Goldreserven gebunden und behinderte die industrielle Entwicklung. Wie soll man Unternehmungen finanzieren, deren künftiger Wert das

Weltgoldvorkommen mehrfach übersteigt? Zum Anfang des 20igsten Jahrhunderts wurde das Verhältnis zwischen Goldreserven und gesellschaftlicher Leistungsfähigkeit weit überzogen und nicht mehr haltbar. Bei Mangel an Golddeckung genügte es, wenige goldgebundene Geldmittel von einem Kontinent zu einem anderen zu transferieren, um Weltwirtschaftskrisen auszulösen. Nach solchen Transaktionen könnten die Leistungen vor Ort trotz eines enormen gegenseitigen Bedarfs und der real vorhandenen Kaufkraft nicht mehr fließen. Neue Garantien des zirkulierenden Vermögens wurden erforderlich. In einer krisenerschütterten Wirtschaft, griffen Menschen zu Fremdwährungen mit einem noch stabilen Verhalten. Länder mit größerer Wirtschaftskraft und Währungsreserven waren im Vorteil. Die Stunde der nationalen Währungen war gekommen.

Die Stabilität einer nationalen Währung wird durch Kreditnehmer aufrechterhalten, die innerhalb des Währungsgebietes tätig sind. Die Kreditnehmer, um die pünktliche Rückzahlung seiner Verbindlichkeiten bemüht, bieten auf dem Markt Leistungen gegen Geld an. Indem die Zentralbank das Angebot und die Nachfrage einer Währung kontrolliert, kontrolliert sie auch den Geldwert. Der Geldwert kann somit direkt vom Vermögen abgeleitet werden und entspricht einem Warenkorb, den man innerhalb des Währungsgebietes für eine Menge Geld erhält. Die Preise einzelner Gegenstände, einschließlich des Goldes, mögen schwanken. Die Währung bleibt stabil, solange der Preis eines Warenkorbs gleich bleibt.

Wenn die Bank die Geldmenge bestimmt, ihre Schuldner die Gelddeckung tragen und das Gold und die tragbaren Sicherheiten nebensächlich sind, was hindert die Notenbank daran, die Geldscheine zum eigenen Vorteil zu drucken? Diese Frage zielt in die falsche Richtung. Die Bank ist die beste Garantie des Geldwertes. Bei Wertverfall tauscht der Sparer die „unsicheren" Geldmittel gegen stabile Fremdwährungen oder gegen Waren von bleibendem Wert. Der Unternehmer hebt die Preise, um die Wertmenge einzuholen, ohne die er seine Aufwendungen nicht decken kann. Aus gleichem Grunde setzt der Lohnempfänger über die Gewerkschaft eine Gehaltserhöhung durch. Und die Bank? Was kann die Bank gegen die Verluste unternehmen, die ihr eine Geldabwertung bringt? Etwa noch mehr Geldnoten drucken und ausgeben? Eine gute Notenbank tut genau das Gegenteil. Sie friert die verfügbare Geldmenge ein, verlangt für Kredite abschreckende Zinsen und lockt Anleger mit hohen Zinsen an. Sie verkauft ihre Wertpapiere und Aktienanteile. Sie kauft fremde Währungen zu räuberischen Kursen, um sie gegen die eigene Währung zum versprochenen Kurs einzutauschen. Die Geldabwertung wird abgefangen, allerdings durch die Verschuldung der Bank. Wieso gibt die Bank ein Vermögen aus und stützt den Preis der Geldscheine, die sich außerhalb ihrer Tresore bewegen und ihr nicht gehören? Der Grund liegt in der Ungleichheit des zirkulierenden und des verliehenen Vermögens. Der Anteil des Bankvermögens, der zu Kreditzwecken vergeben ist, ist riesig im Vergleich zu dem, was sich in Umlauf bewegt. Der geringste Preisverfall einer Währung bringt einer Bank (umgerechnet auf den Umfang aller laufenden Schuldenzuweisungen) enorme Verluste.

Die Aufwertung einer Währung schadet der Bank ebenfalls. Als Kreditgeber bezahlt die Bank die Aufwendungen einer noch nicht erbrachten Leistung und beteiligt sich dafür an den Gewinnen. Damit die Rechnung aufgeht, muss der geschätzte Marktwert dieser Leistung stimmen. Das Erbringen einer Leistung erfordert einen Sachverstand, den eine Bank nicht besitzt. Verheißt jemand größere als die durchschnittlichen Gewinne, so ist man geneigt, ihm zu folgen. Im Umfang der Glaubwürdigkeit des Kreditnehmers stellt die Bank ihm Vermögen zur Verfügung. Die Skepsis, die sie dabei empfindet, äußert sich in den Sicherheiten, die sie verlangt. Der Kreditnehmer überlässt der Bank einen Teil seines Vermögens als Pfand: ein Haus, ein Grundstück, eine Fabrik, eine Lebensversicherung. Je ungewisser das Unternehmen, desto größere Sicherheiten werden verlangt.

Bei einer Geldaufwertung ist der Unternehmer gezwungen, seine Preise zu senken. Seine tatsächlichen Wertgewinne können beachtlich sein und die erwarteten übertreffen. Dennoch wird er unfähig, Kredite zurückzuzahlen. Und wenn schon, könnte man sagen, die Bank behält ja die Sicherheiten. Dies stimmt nur zum Teil. Die Bank kann mit Sicherheiten erst etwas anfangen, wenn diese veräußert sind. Nun führt der Preisverfall auch an diesen nicht vorbei, auch sie sind, in die neue Währung umgerechnet, weniger wert als ursprünglich geschätzt. Ein Konkurs bedeutet darüber hinaus die Übertragung der Verantwortung vom Schuldner auf die Bank. Die Währungsaufwertung macht eine sichere Wertanlage mit garantierter Schuldzuweisung zum eigenen Verlustgeschäft.

Die Konjunktur

Das gesellschaftliche Vermögen liegt in zwei Formen vor: Arbeitskraft und Arbeitsmittel. Obwohl Arbeitsmittel nichts anderes als Arbeitskraft multipliziert mit Zeit und Erfahrung ihrer Herstellung darstellen, ist ihre Sonderbehandlung sinnvoll, da Menschen kurzlebig sind, die Verfügbarkeit der Arbeitsmittel für sie größtenteils über die Gesellschaft realisiert wird und wiederum die Verteilung von Arbeitsmitteln das gesellschaftliche Vermögen entscheidend beeinflusst.

Das jeweilige Verhältnis zwischen den Arbeitsmitteln und -kräften regelt das Eigentumsrecht. Die Entfaltung, Reife, Alterung und Sterblichkeit des menschlichen Geschlechtes bewirkt ein gleitendes Missverhältnis zwischen dem Eigentum und Können. Mit dem Vergreisen und Sterben einstiger Unternehmensgründer geraten Arbeitsmittel nach und nach in zufällige, oft schlicht unfähige Hände und verfallen. Die Entfaltung stagniert. Ohne fortwährende Umverteilung des Vermögens ist keine dauerhaft funktionierende Gesellschaft möglich. Die Umverteilung erfolgt in den Bahnen des Eigentums- und Erbrechtes, des Kredit- und Staatswesens.

Rezession

Rezession, Arbeitslosigkeit, Inflation sind Zwillinge der nachlassenden Kaufkraft. Einst platzten sie gleich Bomben mitten im regen Wirtschaftstreiben, heute schleppen sie sich über Jahre und Jahrzehnte. Woher das Siechtum? Büßt die Gesellschaft ihr Vermögen ein? Nein, die Fabriken, die Kraftwerke, die Arbeiter und Angestellten sind da. Nur stehen Fabriken und Kraftwerke still, die Arbeiter und Angestellten werden entlassen und das alles unter der Begründung des Mangels an Nachfrage. Dabei wächst die Not im sichtbaren Widerspruch zum weiterhin bestehenden Bedarf und nicht ausgenutzten Kapazitäten. Was geht hier vor? Was fehlt eigentlich? Weshalb halten sich Investoren zurück, warum wird ihnen nicht mit Krediten geholfen? Ist etwa Armut ausgebrochen? Auch das trifft nicht zu. Reichtum und Reiche gibt es genug. Handelt es sich um eine Verschwörung? Spitzen skrupellose Schurken die Situation zu, um Arbeitskraft billig aufzukaufen? Schon möglich, dass die Reichen geizig sind. Sie tragen an den Missständen jedoch wenig Schuld. Im Gegenteil, das Laster der Gier macht sie zu Wachhunden des gesellschaftlichen Vermögens. Die Bereitschaft zu investieren, das Vermögen einem anderen anzuvertrauen, ist erst dann gegeben, wenn die Anlage einen Vermögenszuwachs verspricht. Weder Kaufwünsche noch Maßnahmen wie der Bau von Pyramiden, Kanälen oder Straßen, können daran etwas ändern. Die Geldknappheit bedeutet nicht, dass es an Vermögen mangelt, sondern dass es zu keinem Vermögenswachstum kommt oder noch schlimmer, dass das Vermögen beim Investieren schwindet.

Bei anhaltenden Verlusten zieht sich das Vermögen aus dem Geschäftsleben zurück, fließt ins Ausland, versteckt sich in Gegenständen von bleibendem Wert. Gold und Diamanten werden teuer. Die Aktien suchen einen Käufer, doch obwohl genug Geld vorhanden ist, finden sie keinen Abnehmer. Die Unternehmer brauchen Investitionen, doch Interessenten fehlen oder verlangen als Risikoabdeckung einen Wucherzins. Der

Zins steigt, trotz Überschüssen an brachliegendem Vermögen. Die Beschäftigung stagniert, Arbeitskräfte werden abgebaut.

Beschäftigung

Je größer der Wachstumskörper und der gesellschaftliche Reichtum, desto größer müsste der Bedarf an Arbeitskraft sein. Die Beziehung ist nicht gerade proportional und auf ein schnelles Wachstum folgt mitunter eine tiefe Rezession. Manche starken Länder, von sozialen Konflikten zerrissen, sehnen sich dann nach den guten alten Zeiten, als sie noch schwach waren, doch keine Arbeitslosigkeit kannten, im Gegenteil unter Mangel an Arbeitskräften litten, sogar überbeschäftigt waren. Sie sehnen sich an den Tatsachen vorbei. Armut ist kein Gönner der Beschäftigung. Gerade die armen Entwicklungsländer der Gegenwart werden von der schlimmsten Arbeitslosigkeit geplagt. Arm oder reich, leistungsstark oder schwach, entscheidend für die Lohnarbeit ist der Zuwachs an gesellschaftlichem Vermögen über die Aufwendungen der Erhaltung und nicht die Größe des gesellschaftlichen Vermögens insgesamt. Armut kann großzügig, Reichtum knauserig sein.

Es gibt eine Milchmädchenrechnung. Sie besagt, dass Intensivierungen jeder Art Arbeitsplätze gefährden. Eine vollautomatische Anlage, von zwei oder drei Mann bedient, senkt den Preis eines Hemdes um die Hälfte. Eine sprunghafte Steigerung der Produktivität kann tatsächlich von heute auf morgen Tausende Beschäftigte der Branche arbeitslos machen, da sie bei diesem Preis nicht konkurrenzfähig sind. Dies ist allerdings nur eine Seite des Vorgangs. Millionen anderer Marktteilnehmer zahlen für das Oberhemd den halben Preis. Der Restbetrag und mit ihm die menschliche Kraft, bleibt eingespart, fließt nicht mehr in überholte Produktionsweisen, sondern weckt neue Bedürfnisse, schafft Arbeitsplätze.

Die Kaufkraft ist der Umfang dessen, was der Mensch sich nach dem Begleichen von Verbindlichkeiten noch leisten kann. Die sinkenden Ausgaben des Marktes für bisher unvermeidbare Aufwendungen erlauben es, den Überschuss an Vermögen in einen Bedarf umzusetzen. Die Wünsche werden auf einmal bezahlbar. Die Nachfrage regt die Produktion neuer Waren an. Ganze Industriezweige entstehen und reichen Aufträge weiter. Vom Wachstum angelockt, stellen die Besitzer ihr Vermögen für Investitionen bereit. Sind keine Wachstumsgrenzen in Sicht, so schwillt die Menge der Investitionen soweit an, dass sie keine freien Arbeitskräfte findet. Der Wert der Lohnarbeit steigt. Die Menschen verlassen ihre bisherigen, wenig produktiven Betätigungen und wenden sich den Bedürfnissen des Wachstums zu. Der Wechsel erfolgt freiwillig. Keiner trauert der Vergangenheit nach oder betrachtet den aufgegebenen Beruf als Verlust des Arbeitsplatzes. Arbeitskräfte werden importiert und heißen willkommen. Angesichts fremder Gewinne, von der Angst erfüllt, seine Stunde zu verpassen, wird das Vermögen immer zutraulicher. Obwohl immer mehr Geld verliehen wird, obwohl der Kreditumfang wächst, scheint das Geld unerschöpflich zu sein. Das Vermögen zwingt sich dem Unternehmer buchstäblich auf und die Zinsen fallen. Ein reges Treiben ergreift alle gesellschaftlichen Schichten, man fühlt sich jung und man ist jung, man entfaltet sich.

Grenzen des Wachstums

Der Marktwert einer Leistung entspricht ihrem Beitrag zur Entfaltung des Marktes. Bei steigendem Angebot sinkt der Marktwert. Das sinkende Entgelt für gleiche Arbeit wird als Ungerechtigkeit empfunden, dabei ist es nur der erste Hinweis auf die Notwendigkeit, sich anderen Bedürfnissen zuzuwenden, neue Räume für die Entfaltung zu erschließen. Man will die Zeichen nicht wahrhaben, ist weder bereit sich umzustellen noch Verluste in Kauf zu nehmen. Je mehr man sich gegen den Trend stemmt, je emsiger man darum bemüht ist, Konkurrenten zu überbieten, desto bitterer sind die Folgen. Es ist, als ob der Zug vor der Endstation, statt zu bremsen, noch an Geschwindigkeit zulegt, und selbst nach dem Aufprall auf die Mauern nicht stehen bleibt, sondern Kraft der Trägheit weiter geschoben wird, sich und alles ringsum verstümmelnd und zerquetschend.

155

Unter diesen Umständen entsteht ein verkehrtes Bild, welches die Wirtschaftskrisen, die Arbeitslosigkeit und das soziale Elend aus dem Wachstum ableitet. Wachstumsschuld ist es gewiss, allerdings die eines stupiden Wachstums jenseits von Verbesserung, Innovation und Entfaltung. Erinnern wir uns der englischen Maschinenstürmer zur Zeit der industriellen Revolution. Ihr Geist wirkt auch heute noch, obwohl man denken könnte, dass die Geschichte das Gegenteil hinreichend bewiesen hat, dass nicht die Zerstörung, sondern Erschaffung neuer Maschinen Arbeitsplätze schafft. Die Aufrufe zur Besinnung, zur Umkehr, zur Mäßigung des Fortschritts wollen nicht abbrechen. Einem Holzpflug scheinen zehn Hektar Land unendlich, einem Traktor winzig. Ehe der Holzpflug die erste Furche zieht, ist das Feld vom Traktor bearbeitet. Nun, man könnte den Traktor stilllegen, alle zum Pflug zurückbeordern. Schließlich könnte man umso mehr Menschen auf dem gleichen Feld beschäftigen, je leistungsschwächer die Einzelnen sind. Die Rechnung geht nicht auf. Geographische Räume und Lebensräume sind nicht gleich. Eine Sammlergesellschaft ist an fruchttragende Pflanzen gebunden, die Jäger an ihre Jagdreviere. Die primitive Agrargesellschaft wächst entlang einem engen Streifen kultivierbaren Bodens. Beim Übergang zu einer anderen Lebensweise, beim Ausbruch der Kultur aus der Enge in die, im Vergleich zu den alten, schier unerschöpflich erscheinenden Dimensionen vom Sammler zum Jäger, vom Jäger zum Ackerbauern, kommt es zu einem anhaltend zügigen Wachstum. Die menschliche Energie blüht auf, formt mächtige Reiche, bezwingt atemberaubende geistige Höhen. Dem folgen triste Tage des Rückfalls in die Barbarei. Jahrhunderte werden in Kleinkriegen verbracht, um diesen oder jenen Landstrich zu erobern, um diesen oder jenen Verlust wettzumachen, ohne dass Merkliches geschieht, und doch wird hier und da die Tür einen Spalt breit geöffnet, hin und wieder ein Schritt nach vorn gewagt. Wie ein Fluss, der seinen Weg bahnt, äußert sich jede Epoche durch eine bestimmte Bewegung, die bald diese, bald jene Richtung einschlägt, je nach dem Raum, den sie bei ihrer Ausbreitung findet. Könige und Reiche wechseln sich spektakulär ab. Die wichtigen Ereignisse aber bleiben unbemerkt: die Entwicklung des Alphabets, der Schriftsprache, des Stuhls, des Tisches, des Löffels und des Messers. Kein König, Politiker oder Philosoph hatte eine vergleichbare Auswirkung auf unser Zeitalter wie die Entwicklung der Uhr. Die Entdeckung des Nylons und der Verhütungspille stärkte das Selbstbewusstsein der Frau mehr, als alle Opfergänge der Emanzipation.

Die heutige Geschichtswissenschaft steckt noch viel zu tief in der Psychoanalyse der Herrscher und Handelnden. Die Auswertung gesellschaftlicher Auswirkungen des Buchdrucks, der Elektrizität, des Benzinmotors, des Aspirins, des Computers warten auf ihre Chronisten. Nicht Kriege, Annexionen oder Zusammenschlüsse, sondern die Suche nach neuen, effektiveren Methoden, nach neuen Reichtums- und Energiequellen sprengt die Schranken der Lebensräume.

Seit der Entdeckung der Kernkraft haben wir den praktischen Schritt über jede denkbare Enge gemacht. Inmitten der Uferlosigkeit sich anbietender Möglichkeiten wird jedoch offenbar, dass weder Geld noch Ausrüstung und Bodenschätze, sondern der Mensch selbst, seine Verfügbarkeit und Bereitschaft, neuen Wegen zu folgen, sein geistiges Fassungsvermögen zur größten Mangelerscheinung werden.

Einst war der Mensch nackt. Hungrig und schutzlos wanderte er zwischen unermesslichen Schätzen. Sonne und Wasser, Wind, Kohle, Erdöl waren da und jederzeit bereit, ihre Kräfte zu leihen. Alle heute bekannten Metalle und Energieträger lagen ihm zu Füßen. Der Mensch ging achtlos an diesen vorbei. Heute schwimmt er inmitten eines Energiemeers und hält sich verkrampft an die Gebote der Steinzeit. Lieber Ketten und Mauern, lieber Enge und Dunkelheit als die Boden-, Halt- und Grenzenlosigkeit. Seit der Urzeugung des Lebens ist die Hälfte der Zeit überschritten. Spätestens in fünf Milliarden Jahren wird es bei optimistischen Schätzungen mit unserem Planeten aus sein, der Abbruch kann aber auch schon morgen kommen – und wir stehen erst am Anfang, wir leben und streben hauptsächlich unserer Instinkte wegen, meist ohne zu wissen wieso, wohin, wie und wozu?

Unsere Lebens- und Entfaltungsräume sind nicht naturgegeben. Sie liegen in der Reichweite unserer Unternehmungen. Alles, was der menschlichen Wirkung, Kraft und Lebensdauer beiträgt und die sinnlosen Hemmnisse aufhebt, setzt schöpferische Energie frei.

Mathematik der Entfaltung

Menschen wirken miteinander und gegeneinander, das Ergebnis ist folglich nicht selbstverständlich. Gehen wir von der vereinfachten Annahme aus, dass jeder Mensch zunächst eine durchschnittliche Leistungsfähigkeit aufweist, diese in Ware umsetzt und auf dem Markt veräußert. Im Tausch der eigenen Ware gegen Geld bekommt er eine verbriefte Anweisung auf die Leistungen anderer Marktteilnehmer. Jeder Verkauf ist somit ein versetzter Tausch.

Damit der Verkauf zustande kommt, muss der Preis der Ware über den Aufwendungen des Anbieters liegen. Gekauft wird die Ware wiederum, wenn der Wert der Ware den Käufer über die Ausgaben hinaus bereichert. Angebot und Anfrage bestimmen über den Marktwert der irgendwo dazwischen landet.

Betrug und Fehlentscheidungen behindern die Kontinuität des Warenaustausches und schwächen den Markt. Die Vielfalt an Anbietern wirkt dagegen. Der ungehinderte Zugang zu Waren und Leistungen erlaubt einen besseren Preis-Nutzen-Vergleich und eine optimale Verteilung der Mittel innerhalb des Marktes. Der Vergleich von Preisen und Leistungen lenkt die Ware demjenigen zu, der damit am meisten anfangen kann, die höchsten Gewinne erzielt und den besten Preis zahlt. Ein offener Markt ist daher Voraussetzung für die maximale Entfaltung aller.

Rechnen wir mal nach.

Nehmen wir an, jemand unternimmt ein Projekt, dessen Aufwand die durchschnittliche Leistungsfähigkeit einzelner Marktteilnehmer übersteigt. Er will eine Fabrik bauen oder neue Handels- oder Produktionswege erschließen. Hierfür braucht der

Unternehmer fremde Mittel. Gelingt es ihm die anderen hierfür zu interessieren so entzieht er dem Markt Leistungen gegen ein Versprechen von Gewinn (Zinsen auf Kreditrückzahlungen) oder Beteiligung (Aktien/Geschäftsanteile) und verarmt den Markt um die beanspruchten Kräfte.

Gesetzt der Unternehmer erschafft mit den geliehenen Mitteln etwas Neuartiges: einen Kanal, eine Straße, eine Brücke, ein Auto, eine Waschmaschine, eine Uhr – Produkte, die imstande sind, die bisherige durchschnittliche Jahresleistung des Menschen vierfach zu steigern zu einem Herstellungsaufwand, der 1/10 der durchschnittlichen Jahresleistung des Menschen beträgt. Verlangt der Unternehmer für das neue Produkt am Markt den Preis in Höhe einer durchschnittlichen Jahresleistung des potentiellen Käufers, so bietet er ihm als Gegenwert das Vierfache an Leistungssteigerung an. Der Käufer tritt beim Erwerb ebenfalls als Unternehmer auf, der seinen Wirkungskreis erweitert. Seine anfängliche Schwäche an Kaufkraft, lässt sich durch Kredite oder Ratenzahlungen heben. Mit dem Besitzwechsel der Ware steigen die Leistungsfähigkeit des Käufers, seine Rückzahlungsfähigkeit und die Kaufkraft. Daher braucht man weder zusätzliches Vermögen noch Geldmittel zur Deckung dieser Transaktionen. Die neuen Verbindlichkeiten sind durch eine reale, neu erschaffene Wirtschaftskraft gedeckt. Ein Krediteintrag in die Geschäftsbücher, Bewegungen auf den elektronischen Konten (z. B. VISA) genügen. Das Risiko ist minimal, die gegenseitigen Gewinne sind beträchtlich. Übersteigt der Preis der neuartigen Ware mehrfach die bisherige Leistungsfähigkeit des Käufers, so kann es zu anfänglichen Kaufschwierigkeiten kommen. Die Menschen messen ihre Schuldenbelastbarkeit an den bisherigen Einnahmen und leiten davon ihre Kaufbereitschaft ab, was die Verbreitung teurer innovativer Produkte erschwert. Eine staatliche Förderung, die Ängste vor einer Zahlungsunfähigkeit nimmt, kann daher den Markt stärken. Ungeregelte Währungs- und Eigentumsverhältnisse sowie politische Instabilität behindern dagegen den Vorgang.

Die Folgen einer unternehmerischen Tätigkeit können entgegengesetzt sein. Nehmen wir an, der Unternehmer (privater oder staatlicher) beanspruchte die Leistungen des Marktes umsonst. Er verbrauchte Kreditmittel, Steuergelder, ihm anvertrautes oder vererbtes Vermögen, aber baute nichts, was der menschlichen Vervollkommnung beiträgt. Obwohl der Umfang hergestellter Produkte dabei wächst, sinkt die Summe erbrachter Leistungen innerhalb des Marktes unter die Summe bestehender Verbindlichkeiten. Das Übliche wird auf einmal unbezahlbar. Der gesamtwirtschaftliche Ausdruck hierfür sind Inflation und Arbeitslosigkeit, wachsende Lebenskosten und Steuerabgaben. Sinkende Leistung und wachsende gesellschaftliche Verschuldung führen zur Verknappung von Kreditmitteln. Der Zins steigt. Die unternehmerische Risikobereitschaft schwindet. Sowohl der Staat als auch der Privatmensch überlegen mehrfach, bevor sie eine weitere Kreditaufnahme wagen. Ob die Rückwärtsspirale abgefangen wird, liegt an den Zielen der Gesellschaft und an der Kompetenz, mit der diese verfolgt werden. Je ärmer die Gesellschaft, je mehr sie auf das Abwenden ausgerichtet ist, desto weniger Zeit und Mittel hat sie für innovative Unternehmen, für Fortbildung, für Entwicklung neuer Technologien. Die Rezession verschlechtert die Chancen für einen Aufstieg. Ein Trost bleibt. Es gibt zwar kein Gut, das durch Dummheit und Misswirtschaft nicht ins Gegenteil verkehrt werden kann, aber auch keine schlechte Lage, die sich durch Vernunft nicht zum Vorteil wenden lässt. Die Grundrechnung der Marktprosperität ist einfach. Alles, was den Menschen herabsetzt, schadet dem Markt und umgekehrt. Kümmern wir uns als erstes um den Menschen, der Rest folgt.

BUCH VI

DAS MENSCHLICHE

Das Menschliche soll das Gegenteil des Biologischen sein. Religion, Politik, Wissenschaft pochen darauf. Merkwürdigerweise entwürdigt diese Abschottung den Menschen statt ihn hervorzuheben.

Versetzen wir uns 5 000 Jahre zurück in eine bescheidene Menschenbehausung, um an einer Unterhaltung über den Sinn des Lebens und die Stellung des Menschen im Universum teilzunehmen. Gleiten wir dann auf der Zeitskala 3 000 Jahre vor, springen von dort in die Zeit um Christi Geburt, dann noch weitere 500 Jahre voran. Hören wir uns die Meinungen der Zeitgenossen an. Für diese Wanderung durch die Epochen und Kontinente, brauchen wir weder teure Geräte noch Magie, ein Bibliotheksausweis und etwas Geduld genügen.

Legt man die Vorurteile ab, nimmt man sich die Zeit zum Lesen, Zuhören, Verstehen und Nachdenken, so wird man nicht wenig überrascht sein. Die einzelnen Worte unserer Vorfahren sind altmodisch, mitunter grotesk. Die Botschaft insgesamt ist jedoch durchaus erkennbar. Man spürt wie die Urheber das Grundlegende erfassen und vermitteln wollen und nach dem treffenden Ausdruck suchen, wobei jede Zeit sich ihrer eigenen Sprache bedient und die geläufigen Missverständnisse in die Erklärungen einbindet. Tauscht man die altmodischen Worte aus, lässt man die überholten Begründungen weg, so wird man von der Tiefe der Inhalte überwältigt und von der eigenen Überheblichkeit beschämt sein. Zurück in der Gegenwart werden wir die Weisheiten unserer Zeit, Wissenschaftler und Autoritäten etwas skeptischer betrachten. Von der Reise durch die Epochen bereichert, sind wir nunmehr gewiss: Das heute Unumstößliche wird in 100 Jahren läppisch und dennoch nachdenkenswert sein, einen Sinn und die Bejahung des Lebens ergeben.

Sinn des Lebens

Ein König, so die Fabel, schickte einen wissbegierigen Lehrling auf Erkundungsreise in die fernen Länder mit dem Auftrag, den Sinn des Lebens zu ergründen. Nach langem Wandern und Forschen kehrte der nun anerkannter Gelehrte als Greis zurück. Der König lag auf dem Sterbebett. Bedrängt vom nahen Tode fasste sich der Rückkehrer kurz: „Menschen werden geboren, um in der Blindheit ihres Tuns zu irren, zu leiden und zu sterben – dies ist der einzige erkennbare Sinn ihres Lebens."
Das Gesicht des Königs erstarrte bei dieser Auskunft. Die Gedanken rasten. Sollte das alles sein? Wie öde, fremd, unangebracht! Nein, sein Leben hatte ihm etwas anderes beigebracht. Er schwieg um den passenden Ausdruck ringend. Das Schweigen missdeutend erhob sich der Besucher, um zu gehen, warf einen Abschiedsblick auf den Sterbenden und erschrak. Denn der König lächelte gelöst und heiter.
„Der Sinn des menschlichen Lebens besteht im Streben nach Glück", erwiderte der König und seine Augen strahlten.
„Was ist das schon - Glück?", spottete der Gelehrte. –"Ein Trugbild berauschter Sinne, die Schwerelosigkeit des freien Falls in den Abgrund."
„Glück?!", unterbrach ihn der König, „ist das Frohlocken des Könnens, tiefe ruhige Atemzüge auf einem erklommenen Gipfel, der süße Geschmack des Erfolgs, die in der Sichtweite schimmernden Stadttürme des Reiseziels, Glück ist das Werden ohne Ende."
„Was können diese Blumen gegen die Tatsache, dass du im nächsten Augenblick sterben wirst?", zischte der gekränkte Greis.
Der König überhörte den Hohn und sagte ruhig: „Glück ist auch zu wissen, über Feinde und Missgeschick gesiegt zu haben, über den Tod hinaus in alle Ewigkeit."

Der König verschied. Es gab niemanden mehr zum Streiten. Der Gelehrte verließ das Feldzelt, schaute auf die funkelnden Sterne, dann auf seinen Wagen, der immer noch nebenan stand, beladen mit den nutzlos gewordenen Manuskripten. Er zählte die Jahre seines Lebens zusammen, wog Träume und Taten gegeneinander und versank in Schwermut. Es wurde ihm auf einmal klar: Auch er war zum König geboren worden. Er hatte beides: Wahl und Bestimmung. Die eine verfehlte er, die andere hatte er verkannt.

Verblendung

Wie viele selbstlose Opfer und vermeintliche Helden verdanken wir dem Irrtum! Wer seiner Sache sicher ist, glaubt ein Halbgott zu sein. Wird man der Lächerlichkeit seiner Ideale gewahr, so ist man verloren. Man weiß plötzlich keinen Grund mehr, um dieses oder jenes anzufangen, sieht keinen Sinn mehr im Leben. Im Vakuum der Bestimmung finden selbst die absonderlichen Ideologien Anhänger – lieber ein goldener Traum, eine Verblendung als gar keine Weltanschauung.

Die Lüge wird niemals zum Ersatz des Wissens, das Dogma nie zum Ersatz des Gewissens. Die Menschheit muss lernen, mit der Ungewissheit zu leben. Die Sonne wird einst ausgestrahlt haben. Die Erde erstarrt zum Eisklumpen. Wenn schon?

Die Gründe werden uns stets in die Schranken weisen. Wir dagegen werden unermüdlich, gerüstet oder blind nach Schwachstellen in ihren Mauern suchen, entgegen allen Gründen handeln, streben und schließlich einen Ausweg finden, schließlich über alle Gründe siegen. Und sollte dabei eine oder andere Wahrheit gegen uns sprechen – dann ist sie eben noch keine ganze Wahrheit.

Wahrheit und Gültigkeit sind eben nicht eins. Die Gültigkeit mauert. So ist es und nicht anders, sagt sie. Die Wahrheit ist eine Lösung, sie reißt die Schranken nieder – suchen, nicht aufgeben, finden und nicht stehen bleiben – ist ihr Prinzip.

Wahrheit?

Was ist es?, warf Pilatus spöttisch ein und wollte nicht bleiben, um die Antwort zu hören. Man kann seine Haltung verstehen. Wie weit man auch zurückblickt, immer wurden die Anhänger der Wahrheit im Namen dessen, was man Wahrheit nannte, verfolgt. Etwa dafür, dass sie den Kreislauf der Gestirne oder des Blutes erklärten? Nein, weil sie den gewohnten Gang der Dinge stören.

Der Wortlaut der Anklage erscheint im Nachhinein lächerlich, gemeint und vermittelt war sie tödlich ernst.

Gedanken lenken Menschen jenseits von Befehlsketten und geltenden Verbindlichkeiten, sie stoßen die Pforten zum Machbaren auf, entfesseln Lawinen von gewaltigem Sog und untergraben dadurch bestehende Verhältnisse. Kein Wunder, dass man dagegen mitunter härter vorgeht, als gegen kriminelle Taten. Doch gekreuzigt, verbrannt, verbannt oder verschwiegen kommt die Wahrheit nach unerwarteten Wendungen immer wieder zur Geltung, wie lange die Nacht auch währt. Der Grund dafür ist denkbar einfach. Die Wahrheit ist so stark, weil sie die Wahrheit für alle, für alle die ihr folgen, einschließlich der bekehrten Widersacher ist. Die Wahrheit ist eine Lösung, die Wahrheit ist ein Weg und wenn man vorankommt, so nur in der Wahrheit.

Eine Lehre muss, bloß weil sie von Glück und Tugend spricht, noch lange nicht wahr sein. Doch die Wahrheit muss, um wahr zu sein, Menschen glücklich, groß und stark machen. Und Schönheit? Ich weiß nicht, ob Schönheit eine Wahrheit ist, aber alles Wahre muss schön und gütig sein.

Das Böse

Wir wachsen im Glauben auf, dass Vernunft und Gerechtigkeit sich stets durchsetzen und haben damit im Großen und Ganzen Recht. Das Erwachsenwerden ist mit der wachsenden Enttäuschung über die Ohnmacht der vermittelten Ideale verbunden. Was aber, wenn unsere Deutung des Aufgeschnappten falsch war? Das vermeintlich Bessere ist dem Pragmatischen stets unterlegen. So entsteht der Eindruck, die Welt würde von niederen Mächten regiert. Der Eindruck ist falsch. Das Böse ist viel unbedeutender als man denkt.

Der Teufel nahm das Wort Gottes in den Mund und staunte. Gehörig folgten ihm die Menschen, statt dem Schöpfer. Der Trottel merkte nicht, wie er zum Sprachrohr der Schöpfung wurde, in einer Zeit, als noch niemand die Zusammenhänge verstand.

Das Unheil ist nicht immer das, wofür man es hält. Auch das Gute bringt nicht nur Sonnenschein. Offen steht die Wahrheit neben uns und bleibt dennoch verkannt. Sie will helfen und liefert uns Hinweise. Wir jedoch laufen blind an den Wegweisern vorbei und verneinen das Offensichtliche des kurzsichtigen Vorteils und der Bequemlichkeit wegen. Und so setzt die Güte eine böse Maske auf, schneidet Grimassen, legt, wenn nötig Hand an, um sich Gehör zu verschaffen. Auch das Böse und Bösewichte sind Diener höherer Mächte. Sie stoßen uns von Orten und Beschäftigungen ab, denen wir unwürdig sind, offenbaren uns unsere Schwächen und treiben uns gleichsam voran. Sie sind unabdingbare Mittel für eine Selbstfindung.

Wo findet man sich?

Überall.

Das beinah religiöse Erbe

Das Fohlen, kaum von der Mutter abgeleckt, stellt sich schon auf die Beine, schaut mit großen Augen in die weite Welt, macht Schritte und Sprünge. Jede seiner Bewegungen sagt: großartig, bezaubernd, höchst wundervoll. Dieses saftige Meer von Gräsern, habe ich es nicht schon einmal gesehen? Ist dieses Euter nicht voll süßer Milch und für mich da? Gewiss war ich schon einmal hier, gewiss bin ich wieder da. Muss diese naive Vermutung, ein dumpfes Ahnen der ewigen Wiederkehr, deshalb lächerlich sein, weil sie sich im Gehirn eines Tieres abspielt, weil ihr jegliche philosophische oder religiöse Begründung fehlt? Eine erheiternde Erfahrung spricht aus den einfachsten Wahrnehmungen. Berge und Täler, horizontale Wolkenschichten, die spiegelnde Fläche des Ozeans, das tiefe Blau des Himmels oder das Licht unbekannter Gestirne, wohin das Schicksal uns auch verschlägt, was es unseren Augen auch anbietet, wir finden überall Verbündete. Blumen, Bäume, Farben und Formen erfüllen unser Herz mit Freude und Zuversicht. Das Gefühl täuscht nicht. Wir sind viel älter als alles, was uns umgibt. Wir sind mit Allem seit langem vertraut. Unser Lebensfunke stammt aus einer Milliarden Jahre alten Schöpfungsgeschichte, die uns aus Erde aufbaut, belebt, fördert und gegen Verwesung schützt.

Der aufmerksame Leser hat es längst bemerkt, ich rede von Schöpfung und meine das Leben.

Johannes hat dasselbe in umgekehrter Reihenfolge ausgedrückt: „Ich bin der Weg und die Wahrheit und das Leben". (Evangelium nach Johannes 14,6). Wusste er wovon er spricht? Nicht genau aber er spürte den bestehenden Zusammenhang.

Wenn der Schöpfer eine Kraft ist, die die Erde, das Wasser, die Luft, die Wälder, die Wiesen, die Tiere und Früchte erschaffen hat, wenn der Schöpfer eine Macht ist, die uns das Leben gibt und das Leben nimmt, dann ist diese Macht nichts anderes als das Streben, das aus den Ursprüngen der Evolution hervortritt und sich über eine ununterbrochene Reihe an Einzelleben und Zeugungen immer weiterentwickelt. Schaut euch um, ihr Erdenbewohner – ihr könnt der Wirklichkeit nicht befehlen – gewiss, – doch die Welt, die ihr seht, riecht, fühlt, haben eure Ahnen erschlossen in einem langen Zug eines vorwärtsschreitenden Seins. Die schöpferische Kraft dieser Wirklichkeit ist nicht im Himmel, schwebt nicht substanzlos umher, sondern ist in euch eingeschlossen. Sie ist die tätige Erfahrung eines gewundenen Aufstiegs aus den Tiefen der Urzeugung. Wir sind hier und jetzt – und wir sind es nicht. Das Verständnis für den Augenblick, für das unmittelbar Gegebene dringt zu uns aus den Weiten der Zeit und des Raumes, die wir als Bakterium, Tier, Mensch und zuletzt als ein Ich durchquerten. Form, Farbe, Ton – nichts ist gegeben, nichts ist von selbst und an sich da – alles ist das Werk unserer Deutung und der Spiegel des Könnens zugleich. Je ergiebiger der Erfahrungsbrunnen, aus dem wir unsere Vorstellungen und das Verständnis holen, desto reicher und klangvoller ist der Augenblick, desto mehr nähern wir uns der Unsterblichkeit.

Die Unsterblichkeit

Das Verlangen nach Ewigkeit gehört zu den wuchtigsten der menschlichen Natur. Der Glaube an das Wiedererstehen im alten Ägypten, wo der Tod keine Strafe, sondern ein Übergang zum anderen Leben ist, lenkte die Bestrebungen Einzelner in Bahnen einer tausendjährigen Kultur, deren Größe bis in die Gegenwart erstrahlt. Viel hat sich seither nicht verändert. Auch heute möchte man, wenn nicht im Leben, so doch wenigstens im Namen, in Kindern, im Ruf, zur Not auch in fremdem Hass und Neid fortdauern, wenigstens einen Schatten der Unsterblichkeit erlangen. Dabei liegt das Ewige so nah. Unser Körper ist hier und jetzt. Wir aber sind an den Frontlinien unserer Unternehmungen. Im Denken und Tun richten wir uns nach den einstigen Geschichtsereignissen, borgen uns geistige und praktische Werkzeuge vergangener Generationen. Das geistige Erbe fließt in unsere Überlegungen und Handlungen ein und verleiht diesen geschichtliche Dimensionen. Die Summe an körperlichen und geistigen Eigenschaften eines Menschen, die über die Grenzen seiner räumlichen Stellung und Lebenszeit hinausreichen, ist das, was die Alten die Seele nannten. Die Seele kann tierisch, eng, kurzsichtig und offen sein, einladend und groß. Die Seele lehnt sich gegen die Schwächen des Körpers, gegen die Ketten des Raumes und der Zeit auf und gewinnt. Die Anfälligkeit des Körpers tut der Unendlichkeit der Seele keinen Abbruch. Die Seele saugt Menschen- und Völkerschicksale auf und macht diese zu Bestandteilen des eigenen Werdegangs. Die Menschen stellten schon immer Fragen nach der Unsterblichkeit der Seele, anfangs ehrfürchtig, dann spöttisch vernichtend. Doch mit den Fragen nach der Beschaffenheit des Himmels und Beschäftigungen nach dem Tode schoss man daneben. Man irrte aus der unendlichen Gegenwart, in eine Zukunft, die, würde es eine solche geben, endlich wäre.

Das zwanzigste Jahrhundert erhob Worte wie Psyche und Intelligenz in den Rang von wissenschaftlichen Größen, um Begriffe wie Verstand, Geist und Seele abzulösen. Der Ersatz ist notdürftig. Während die Psyche und Intelligenz sich auf die jeweiligen Reaktionen und Resultate von Fragebögen beschränken, schließt das Geistige die Welt menschlicher Vorstellungen ein. Das geistige Erbe ähnelt dem fortlebenden Licht eines Sternenhaufens. Man lebt in einer Welt von Meinungen, originellen und bloß weitergegebenen, man spricht, streitet, man hört weg oder zu und bemerkt dabei nicht, dass die meisten Lehrmeister und Verkünder, die dem menschlichen Streben die Gleise legen, wie die Sterne am Himmel längst erloschen sind. Wir sind nicht weniger als unsere abergläubischen Ahnen von Verstorbenen umgeben. Die vergangenen Generationen leben in unserer Mitte und erweisen sich oft als bessere Freunde und Ratgeber als die Zeitgenossen. Ihre Körperlosigkeit stört keineswegs dabei, macht sie nicht minder real.

Körperlichkeit

Jeder Mensch spürt mit dem Erwachen seiner Kräfte das Verlangen, diese zu veräußern. Von wegen sparen und geizen! Er will sich strecken und recken, in die Ferne schweifen. Von wegen für sich behalten und sich selbsterhalten – der Mensch will sich ausgeben, Verwegenes anzetteln, die Welt entdecken und umkrempeln.

Der körperliche Eigensinn widerspricht, führt sich auf, als wäre er der eigentliche Zweck und die einzige Bestimmung.

Er blufft.

Ohne Außenwelt ist der Körper leer und leblos. Auf der Intensivstation beatmet und künstlich ernährt verliert der Mensch alles Menschliche, selbst wenn er dabei unversehrt bleibt. Beim Einschlafen verabschieden wir uns vom Hier und Jetzt ohne jede Dramatik. Unser Körper bleibt dabei wach. Das Herz schlägt, die Verdauung geht weiter, die Blutzellen eilen ihrer Wege, emsig wie immer. Eingeschlafen ist lediglich unsere Bindung an die Wirklichkeit, genauer gesagt die Anspannung, mit der diese Bindung aufrechterhalten wird. Man sieht, der Mensch ist nicht sein Körper, sondern Gesinnung und Innerlichkeit in ihrer Verwirklichung.

Innerlichkeit

Die Hingabe, mit der man an der Integrität der eigenen Gesinnung hängt, ist bemerkenswert, wenn man die Unannehmlichkeiten bedenkt, die daraus entstehen. Der eigenen Innerlichkeit wegen gehen Menschen ins Gefängnis oder in die Verbannung, hocken in engen Stuben, fern von der Frische und den Freuden der Welt. Sie fügen die Nacht zum Tag hinzu und gönnen dem Körper keine Ruhe.

Sokrates nahm Gift, statt zu flehen, Giordano Bruno stieg mit seinen Ansichten auf den Scheiterhaufen. Marie Curie verstrahlte sich tödlich durch ein von ihr entdecktes radioaktives Element. Ging es diesen Menschen um ihren Namen? Um eine Widmung im Geschichtsbuch? Wollten sie Blicke unbekannter Passanten auf sich ziehen? Wollten sie in aller Munde sein? Wenn sie gewusst hätten, und dies ist anzunehmen, dass ihr Wirken unbezahlt bleibt, dass Errungenschaften ab einer bestimmten Größenordnung vom Prinzip her nicht angemessen vergütet werden können, hätten sie einen anderen Weg gewählt? Hätten sie sich lieber etwas Kleineres vorgenommen, etwas Handlicheres, um es den Mitmenschen vor Augen halten zu können, hätten sie dann mehr Zeit dafür aufgebracht, Lob einzuholen? Oder hatten sie ihren Lohn schon lange bevor die Kundschaft von ihren Taten jemanden erreichte?

Auch wenn sie zögerten und abwogen, für sie gab es keinen anderen Weg, für sie gab es keine Wahl. „Mein Reich ist nicht von dieser Welt" – Worte, die man erst aus der Entfernung von Jahrtausenden richtig zu würdigen lernt. War dieses Reich darum weniger wirklich, da die Zeitgenossen es nicht zu sehen vermochten?

169

Gesinnung dehnt Dimensionen von Raum und Zeit aus, zeugt Glück. Dass man ihretwegen Mühen auf sich nimmt und dann noch ins Gefängnis oder in die Verbannung gehen muss, tut nichts zur Sache.

Das Sichtbare und das Tatsächliche sind nicht eins. Von wegen Mauern! – Die Horizonte des eigenen Könnens bilden die Wände des eigentlichen Verlieses. Erfüllung lässt sich nicht einsperren und lacht gegen die Mauern.

Erfüllung

Rätselhaft ist schon das Wort, noch merkwürdiger sind die Orte, an denen Menschen ihre Erfüllung suchen. Der eine hockt im Labor, der andere spielt verträumt mit Zahlen, der dritte wandert mit einem halbleeren Rucksack und übernachtet unter freiem Himmel, ein weiterer errichtet staatliche, religiöse oder industrielle Imperien, die nutzlos zum Wohnen und zu groß zum Bereisen sind. Warum verlässt der Mensch, kaum dass er für Essen, Wohnen, Gesundheit gesorgt hat, die „praktische" Ebene und verschreibt sich Unternehmungen, die keinen Bezug zum Alltag haben – schläft wenig, isst unregelmäßig und gewährt sich keine Abwechslungen außerhalb seiner Leidenschaft? Warum schweift der Mensch vom Nützlichen ab? Was treibt ihn: die Neugierde, die Gewohnheit des Weitermachens, der Instinkt?

Im Buch Krishna steht, dass Gott, als er die Morgenröte erschuf, von deren Schönheit überwältigt wurde. Es ist eine gute Metapher und jeder ist zu bedauern, dem das Gefühl einer explodierenden Weitsicht noch nicht zuteil wurde.

Irgendwann in der Evolution eignet sich das Leben die Fähigkeit an, die Farbe sowie die Intensität der Sonnenstrahlung zu empfinden. Diesen Sinneswahrnehmungen fehlt zunächst die Beschaffenheit und Tiefe. In einem weiteren Schritt lernt das Tier, die Anspannung der Augenmuskulatur als Maß der Entfernung und die Farbe als Unterscheidungsmerkmal der Beschaffenheit zu deuten. Dabei denkt es sich nicht viel, sondern geht den nächsten Bedürfnissen seines Tastsinns nach. Eine

Verknüpfung zwischen Tastsinn und Farbe, zwischen Muskel-
anspannung und Entfernung: Wie dürftig die Voraussetzungen,
wie weitreichend die Folgen! Von der Anhöhe der eigenen
Beine oder des erklommenen Felsens erblickt die Kreatur auf
einmal eine Weite, die sie nicht greifen oder begehen kann und
sich doch zu eigen macht. Die Fähigkeit, das nächste Licht zu
erkennen und dieses in Beziehung zu einer räumlichen Entfernung zu setzen, sprengt das Unmittelbare des Tastbaren.

Genauso wie das Licht, bringt auch ein Gedanke oder ein ge-
lungener Handgriff plötzlich Klarheit in das verworrene Knäuel
des Irrens, ordnet Chaos zum Uhrwerk, erhellt und entzückt.
Wir irren im Dunst des Vorurteils auf der Suche nach des Lebens eigenem Zweck wie durch die dunklen Gassen eines vom
Nebel verschluckten Stadtviertels. Dann erscheint ganz nah ein
vertrauter Gegenstand, ein Wegweiser, eine Tafel an der Wand
oder eine Leuchtreklame, welche der Vorstellung einen Halt
gibt. Die Nacht mit Nebel treten auf einmal zurück, die Gegend
wird trotz Dunkelheit vertraut. Die einzelnen Lebenserfahrungen ordnen sich. Die Beklemmung löst sich, der Gang wird
leicht, jeder Schritt bringt eine Bestätigung und Erleichterung.
Was ist erhebender, als wenn nach einer langen Zeit des Wanderns zwischen faden Lichtern der Nacht, nach Jahren der Ungewissheit und des Zweifelns, die Sonne der Vernunft sich mit
einem Silberstreif in der Ferne ankündigt und in die Höhe
schnellt? Ein Blick, der im Fall eines Apfels die gleiche Ord-
nungskraft erkennt, welche auch die Planeten auf ihrer Bahn
hält, verwandelt ein Wirrwarr an Tatsachen in himmlische
Harmonie, bringt Gestirne näher, lange bevor die kosmischen
Reisen möglich werden.

Wie viele Morgenröten kann ein Mensch neu erleben? Viele,
sehr viele! Hinter jedem Berg verbergen sich ein neuer Horizont
und neue Gipfel, strahlender und verlockender als je zuvor.

Nachwort

Mein Buch ist ein Bekenntnis zum Leben und kein Abschiedsbrief, ich habe keine Eile es abzuschließen. Ich weiß, der Augenblick wird kommen, an dem ich nichts mehr hinzufügen und sogar die eigenen Zeilen nicht mehr verstehen werde. Aber da werde ich nicht mehr ich sein. Die Ungewissheit, etwas Unvollendetes zurückzulassen, beunruhigt mich nicht. Die anderen treten an meine Stelle.

Was auch geschieht, Ich möchte leben wie am Vorabend eines großen Ereignisses, eines Einweihungsfestes, wo alle Misslichkeiten Gewürz der Vorfreude sind, gelöst von allem Kleinlichen, Wozu die Eile auf einem Schiff? will jeden Augenblick des schöpferischen Daseins genießen, ein Kapitän auf großer Fahrt durch die Zeiten, ein Reisender ohne Gepäck sein.

Das Manuskript ist die Flaschenpost an meine Freunde aus der Zukunft, Gegenwart und Vergangenheit. Wenn jemand in den Aufzeichnungen Anregendes findet, haben diese ihren Zweck erfüllt.